KB152746

4차 산업시대의
인성과 진로 및 취업

Personality & Career & Employment

Preface

현재 우리는 4차 산업 혁명시대에 살고 있다. AI를 기반으로 그동안 3차까지의 산업혁명과 전혀 다른 인간과 AI가 공존하고 경쟁을 해야 하는 초연결 사회로의 현실에서 미래에 대한 희망과 불확실성에 대한 불안감을 안고 있는 수 많은 대학생들은 꿈을 이루기 위해 진로선택과 취업을 준비하는 것은 어느 누구도 대신할 수 없는 학생 스스로 해야 할 몫이다.

4차 산업혁명 시대의 주역인 대학생들은 자신의 가치를 중요시하며 객관적인 자기이해를 바탕으로 제대로 된 설계와 정확하고 객관적인 자기진단이 우선되어야 하며 직업 세계는 다양화, 세분화, 전문화가 되어가고 있는 현실에서 각 기업체에서는 분야별 전문가를 요구하고 있다. 그러므로 확실한 직업 가치관과 더불어 차별화되고 전략적인 취업 및 진로설계를 해야 한다.

본 교재는 이론 서적과 워크북을 혼합한 형태로 집필되었으며 다양한 워크시트를 사용함으로써 조별 활동을 강화하고 학습의 효과성을 극대화할 수 있도록 하였다. 교육현장에서 학생들을 지도하면서 얻은 경험을 바탕으로 스스로 자신의 현재 상황을 체크 해보고 필요한 실무지식을 좀 더 쉽게 습득할 수 있는 과제들을 제시해 현장실행 능력을 높이는데 중점을 두었다.

　교재의 내용으로는 chapter 1. 인성과 자기이해 및 분석, chapter 2. 새로운 미래를 준비하는 4차산업, chapter 3. 대학 생활의 학습법, chapter 4. MBTI와 DISC 탐색을 통한 자기이해, chapter 5. 직업 흥미와 적성 및 직업가치관, chapter 6. 나의 비전과 목표설정, chapter 7. 경력(커리어) 디자인, chapter 8. 실전 취업전략, chapter 9. 셀프리더십, chapter 10. 커뮤니케이션, chapter 11. 스피치, chapter 12. 자기관리의 표현, 이미지 메이킹, chapter 13. 시간관리, chapter 14. 글로벌 에티켓과 비즈니스 매너, chapter 15. 창업세계 이해 등 다각적인 각도에서 학생들의 자기개발을 위해 재조명하였다.

　자신의 진로와 취업 준비를 고민하며 노력하는 모든 이에게 본 교재가 차별화되고 인성과 전문지식을 겸비한 자기 브랜드 창조의 나침반이 되어주길 기대하며 모든 대학생들에게 바친다.

　끝으로 본 교재가 나오기까지 많은 도움을 주신 여러분들께 고마운 마음을 전하며 책이 나오기까지 힘써주신 도서출판 한올 사장님과 편집부 관계자 여러분께 진심 어린 감사의 인사를 전한다.

2022년 5월
김 순 향

Contents

Chapter 12

**자기 관리의 표현,
이미지 메이킹**

Chapter 13

**시간관리
(Time
management)**

Chapter 01

인성과 자기이해 및 분석

1 인성(人性)이란?

1) 내가 생각하는 인성

⏰ '인성'하면 떠오르는 단어를 적어봅시다.

- ·
- ·
- ·

⏰ 그 단어가 연상되는 이유를 이야기해 봅시다.

- ·
- ·
- ·

2) 인성별 특징

⏰ 인성에 따라 사람의 모습은 어떻게 다른가?

인성이 좋아 보이는 사람들의 특징	인성이 좋아 보이지 않는 사람들의 특징
·	·
·	·
·	·
·	·
·	·

인성이란? 인간의 보편적인 본성으로 각 개인의 특성과 사람 됨됨이를 말하며 선천적, 후천적 요인에 따라 형성되어 개인의 도덕적 기준이 되고 외부의 사물이나 현상에 자극을 받아 일정한 경향의 반응을 보이는 개개인의 고유한 성품이라 할 수 있다.

일반적으로 인성은 '성격'과 같은 의미로 해석되거나, 성품을 의미한다. 인성의 사전적 의미는 '사람의 성품(性品)', 즉 '사람의 성질(性質)과 품격(品格)'이며, 이를 좀 더 자세히 풀어서 설명하면, 성질은 마음의 바탕이고, 품격은 사람된 모습이라고 할 수 있다. 다른 말로 바꾸어 말하면 인품(人品), 또는 인격(人格)을 말한다. 그 사람의 인성(人性)이 좋다는 얘기는 결국 그 사람의 인품(人品)이 좋다는 것과 같다.

성품이 잘 만들어진 사람은 스스로 행복을 만들어 낸다. 행복은 그냥 주어진 것이 아니라 창조하는 행위이기 때문이다. 좋은 성품을 지닌 사람은 포용력이 있고, 분노를 조절할 줄 알며 자기관리를 할 수 있는 사람을 의미한다. 행복한 삶을 영위하기 위해서는 우선 자기 자신을 조율하고 감정을 통제할 줄 알며 나아가 배려와 헌신, 사랑, 우정 등과 같은 긍정적 사고를 가지고 있어야 베푸는 사람이 될 수 있다.

인성이 계발되었다는 것은 개인이 인격적으로 성숙하다는 의미이기도 하다. 바람직한 인간상은 성숙한 인간, 건강한 인간, 생산적 인간, 자아실현적 인간, 충분히 기능하는 인간 등 다양한 개념으로 사용되었다.

성격 심리학자인 Allport는 우리가 지향해야 할 인간상으로서 성숙한 인격(mature personality)의 특성을 제시하고 있다.

2 성숙한 인격의 특징

1) 확장된 자아감을 지니고 있다. (Extension of the sense of self)

인간의 자아는 관심과 경험을 통해 자아의 영역이 확장되어간다. 성숙한 사람은 다양한 의미 있는 일에 깊은 관심과 철저한 참여를 통해 자기 자신을 넓혀 나간다.

2) 다양한 사람과 우호적인 관계를 맺는다. (Warm relating of self to others)

성숙한 사람들은 부모, 자식, 배우자, 친구에게 친밀감과 사랑을 표현하며 고통, 공포, 실패, 기쁨을 이해하는 능력을 지니고 있다.

3) 정서적으로 안정되어 있다. (Emotional security)

성숙한 사람은 좌절과 실패를 잘 참아낸다. 성숙한 사람은 자기수용과 좌절, 인내력을 통해 감정이 쉽게 동요하지 않으며 안정된 모습을 잃지 않는다.

4) 현실적인 자각을 한다. (Realistic perception)

성숙한 사람은 그들의 세계를 객관적 시각으로 바라본다. 현실을 있는 그대로 자각하고, 정확하게 판단하고 미래를 정확하게 예측하게 된다.

5) 완수할 과업을 위해 헌신한다. (Skills and assignments)

일에 대한 책임감을 지니며 그로부터 삶의 의미를 느낀다. 따라서 긍정적이고 활기찬 건강한 삶을 살아가게 된다.

6) 자기를 객관화하는 능력을 지니고 있다. (Self objectification)

자신을 객관화하고 다른 사람의 의견에 대해 개방적이어서 다른 사람이 자신을 어떻게 생각하고 있는지에 대한 깊은 이해를 지니게 된다.

성숙한 사람은 자신의 삶을 통해 완수해야 할 일에 대한 뚜렷한 목적의식과 의무감을 지닌다.

7) 일관성 있는 삶의 철학을 지닌다.(An unifying philosophy of life)

미래지향적이며 긴 안목으로 장기적인 목표와 계획을 세우고 일관성있게 살아간다.

출처: Allport의 성숙인격론

③ 인성교육의 필요성

과거부터 현재까지 인성교육은 윤리, 도덕적 텍스트에 의하여 이루어지는 것으로 이해되어 왔다. 앞으로의 인성교육은 글로벌 마인드 즉, 국제적 공감, 선진 시민의식이다. 또한 글로벌 마인드는 세계화시대의 인성을 의미하므로 글로벌 마인드 교육은 서로 원-윈(win-win)하는 더불어 사는 지구 공동체 윤리에 기초를 두고 있다.

🌱 인성교육

인성교육은 인간답고 바람직한 삶을 지향하고 이를 실천할 수 있도록 육성하기 위한 교육학습자로서 예, 효, 정직, 책임, 존중, 배려, 소통, 협동 등의 마음가짐과 이를 실천하는데 필요한 지식과 공감, 소통능력, 갈등 해결능력 등의 교육적 경험을 통해 보다 풍요롭고 자유로운 삶을 살 수 있도록 하기 위한 것이다.

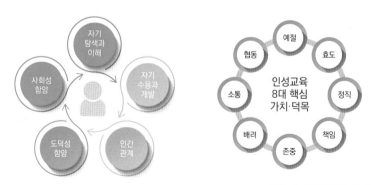

출처: 인성교육진흥법 제 2조 2항

1) 미래사회의 인재로서의 인성교육

　미래사회에서는 창의력과 인간미 넘치는 감수성과 높은 도덕성을 지닌 융합된 인간을 필요로 한다. 또한 똑똑한 리더보다는 인격적인 리더를 요구하고 있다. 지식보다는 타인을 이해하고 배려하는 인격적인 면을 갖춘 리더가 미래사회의 바람직한 리더상이라 할 수 있다.

2) 대학생활에 적응하기 위한 인성교육

　대학에 입학하고도 그동안 입시위주의 교육제도에서의 잦은 실패로 인한 자신감 저하, 열등의식과 대학생활에 대한 소극적 태도, 학과에 대한 소속감 저하, 전공분야에 대한 낮은 학업성취 등 대학생활 적응과 더불어 자기효능감을 높일 수 있는 인성교육이 절실히 필요하다.

3) 대학 졸업 후 취업과 진로준비와 직장생활 적응을 위한 인성교육

　기업의 인사담당자들은 신입사원을 채용할 때 인성 및 태도를 중시하는 경향이 두드러지게 나타나며 개인주의 성향이 강한 감성지능과 직장생활 적응에도 인성교육이 많은 영향을 미친다.

4) 미래를 살아가는 자신감과 자신의 삶을 충만하게 하는 방법을 배우기 위한 인성교육

　전공지식뿐만 아니라 지혜와 결단력, 문제해결능력 등을 갖게 하는 것이 중요하다.

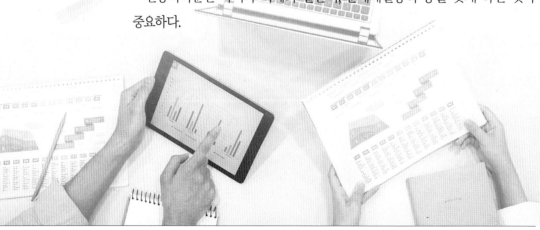

5) 인성의 핵심가치와 덕목 및 인성역량

표 1-1_ 인성교육 핵심 가치·덕목의 정의

차원	덕목	정 의
개인적 차원	지혜	어떤 상황에서 취해야 할 것이 무엇이고, 버려야 할 것이 무엇인지를 분별하는 것
	용기	자신이 옳다고 믿는 것을 지지하고 옹호할 수 있는 능력과 의지
	성실	거짓됨이 없이 자기가 하는 일에 정성을 다하는 자세
	절제	스스로의 욕구, 감정 등을 잘 통제하고 다스리는 것
관계적 차원 (타인, 공동체, 자연과의 관계차원)	효도	인(仁)을 행하는 근본이 되는 것으로서 부모의 은혜에 감사하고 이에 보답하고자 하는 것
	예절	사람이 만든 질서에 따라 나와 남을 구분하고 그 구분에 따라 알맞게 표현하는 것
	존중	정중하고 사려 깊은 방식으로 다른 사람들을 대함으로써 그들이 존엄성을 가진 가치 있는 존재라는 것을 보여주는 것
	배려	다른 사람의 행복이나 복지 등에 관심을 가지면서 그들의 필요나 요구에 민감하게 반응을 보이는 것
	책임	공동선의 실현을 위해 각 구성원들에게 부여된 역할과 의무를 충실히 이행하는 것
	협동	사회의 공동선 (common good)을 창출하고 증진하기 위해 구성원이 힘과 뜻을 모아 노력하는 것)
	준법	기본생활 규칙과 공중도덕, 법, 그리고 기타의 사회적 약속과 의무 등을 준수하고 실천하는 성향
	정의	각자에게 그의 정당한 몫을 주고자하는 항상적이고 영속적인 의지

표 1-2_ 인성의 핵심가치와 덕목 및 인성역량

차원	핵심가치, 덕목	핵심 인성역량
개인적 차원	지혜, 용기, 성실, 절제	자기관리 역량, 감성 역량
관계적 차원 (타인 공동체, 자연과의 관계)	효도, 예절, 존중, 배려, 책임, 협동, 준법, 정의	의사소통 역량 갈등관리 역량, 공동체 역량

	인성 덕목(하위요인)	구성 내용
1	자기존중	자기존중,자기효능
2	성실	인내(끈기), 근면성
3	배려·소통	타인 이해 및 공감, 친절성, 대인관계 및 의사소통 능력
4	(사회적) 책임	책임성, 협동심, 규칙이해
5	예의	효도, 공경
6	자기조절	자기통제(감정, 충동, 행동), 신중성
7	정직·용기	정직성, 솔직성, 용감성
8	지혜	개방성, 판단 및 의사결정 능력, 안목

출처: KEDI 인성검사 핵심덕목-교육과학기술부에서 한국교육개발원(KEDI)에 위탁하여 개발한 인성 수준 표준화 인성검사 도구에서는 핵심 인성 덕목을 10개로 구성하였다.

🌱 인성은 우리의 삶에서 많은 면을 개선할 수 있다

모든 인성을 갖출 수는 없지만 필요한 인성을 개발하고 균형을 맞추는 것이 필요하다. 어떤 부분의 인성은 충분히 개발되었지만 다른 인성이 결핍되어 있다면 그 결핍된 인성으로 인해 내가 발휘하고자 하는 역량을 충분히 발휘하지 못하는 경우가 생기게 된다.

이를 잘 설명하는 것에 리비히의 최소량의 법칙이 있다

독일의 과학자 리비히가 말한 것으로 식물이 성장하는데 있어서 아무리 많은 원소가 있더라도 어떤 하나가 최소량 이하일 경우에는 결코 정상적인 성장을 할 수 없기 때문에 결론적으로 어떤 양분 중에서 최소한으로 존재하는 원소가 식물의 성장을 결정짓게 된다는 이론이다.

리비히의 최소량의 법칙

여러개의 나뭇조각으로 만들어진 물통에서 이 물통을 이루고 있는 나뭇조각 중 하나라도 일부분이 부러져 버리면 아무리 많은 물을 부어도 부러진 나뭇조각까지만 채워질 수 있다. 다시 말하면 물은 물통을 이루고 있는 나무 조각의 최소 높이 까지만 채워지는 것이다.

4 바른 인성을 통한 건강한 성격과 좋은 관계 만들기

1) 수용(acceptance)

매슬로우의 인간의 욕구 5단계에서 인간은 타인으로부터 사랑받고 인정받기를 원한다. 부모로부터 사랑을 충분히 받는 사람은 타인을 수용하는 데 유연하다.

심리학에 제로섬(Zero-sum)과 포지티브섬(Positive-sum)이라는 용어가 있다.

🌱 **제로섬** 무슨 일이 있어도 자신의 의견을 굽히지 않고 상대방을 깎아내려서라도 이기려고 하는 것을 의미한다.

🌱 **포지티브섬** 상대방의 의견에 좋은 점이 있으면 수용하고 서로에게 win-win 하는 방법을 모색하며 상생하는 사고방식을 의미한다.

 사례 링컨의 아버지

링컨의 가문은 1637년 영국에서 미국으로 건너온 평범한 가정이었다. 그의 아버지 토머스 링컨은 처음에는 농사일을 하다가 후에는 구두 수선공으로 일했다. 그의 구두 만드는 솜씨가 좋아서 상원의원들까지도 그의 단골 고객이 되었을 정도였다. 아버지가 세상을 떠나고, 링컨이 대통령에 당선되었을 때, 상원의원들은 구두 수선공의 아들이 대통령이 된 것에 충격을 받았다. 그들은 명문 귀족 출신인데다 좋은 학벌을 소유하고 있었는데 비해, 링컨은 초등학교도 졸업하지 못한 가난뱅이 출신

이었던 것이다. 대통령에 당선된 링컨이 처음으로 상원의원들 앞에서 취임연설을 하게 되었을 때였다. 그때 거만해 보이는 한 상원의원이 일어나 조롱하듯이 말했다.

"당신이 대통령이 되다니 정말 놀랍습니다. 그러나 당신의 아버지가 구두 수선공이었다는 사실을 잊지 마시기 바랍니다. 가끔 당신의 아버지가 우리 집에 신발을 만들기 위해 찾아왔고, 지금 내가 신고 있는 구두도 바로 당신의 아버지가 만든 것입니다. 지금까지 그런 형편없는 신분으로 대통령에 당선된 사람은 아마 미국 역사에 없을 겁니다." 그의 말이 끝나자 여기저기서 킥킥거리며 웃는 소리들이 들려왔다.

링컨은 눈을 감고 무엇인가 생각하는 듯 아무 말이 없었다. 잠시 의사당 안에는 무거운 침묵이 흘렀다. 링컨의 눈에는 눈물이 가득 고였다. 잠시 후 링컨은 상원의원들에게 이렇게 말하기 시작했다.

"고맙습니다, 의원님! 한동안 잊고 지냈던 아버지의 얼굴을 떠올리게 해주시니 감사합니다. 제 아버지는 완벽한 솜씨를 가지신 구두 수선공이셨습니다. 저는 아버지의 솜씨를 따라잡으려고 노력했지만 아버지의 실력을 능가할 수 없었습니다. 이 자리에 계신 분들 중에서 제 아버지가 만드신 구두를 신고 있는 분들이 계실 겁니다. 그럴 리는 없겠지만 만약 신발에 문제가 생기면 언제든지 제게 말씀해주십시오. 그러면 제가 아버지 옆에서 곁눈질로 배운 솜씨로 손봐 드릴 수 있습니다. 물론 큰 기대는 하지 마십시오. 왜냐하면 제 솜씨는 아버지 솜씨에 비교조차 할 수 없기 때문입니다. 아버지는 '구두 예술가'이셨거든요. 저는 자랑스러운 아버지의 아들이고, 지금도 아버지를 존경합니다."

출처: 휴넷-행복한 아버지편

Work Sheet

1. 자신이 타인을 수용했던 경험이 있는지 생각해 보자.

2. 자신이 링컨이라면 상원의원들의 조롱에 어떻게 행동했을까?

2) 감사(appreciation)

감사란 어떤 대상이나 타인과의 관계 속에서 고마움을 느끼고 표현하는 것으로 '감사합니다.'라는 표현을 통해 전달되는 감정이다.

'리프레임'이라는 것은 프레임을 바꾼다는 의미로서 '다시 바라본다.' 즉, 관점을 바꾼다는 뜻이다. 안 좋은 상황이 있지만, 그것을 생각의 전환을 통해서 긍정적인 생각으로 바꾸는 것인데 리프레임의 방법에는 관점 바꾸기와 교훈 찾기가 있다. 예전에 안 좋았던 기억을 떠올리면서 그 안에서도 배운 것이 있다고 교훈을 찾는 연습과 감사일기를 쓰는 것이다. 감사일기를 쓰는 것은 리프레임 연습을 하는 데 아주 중요한 요소이다.

미국 하트 매스(Heartmath) 연구소의 론린 매크로티(Rolline McCraty) 박사는 여러 가지 연구를 통해서 사람의 몸과 마음을 최상의 상태로 편안하게 유지시켜 주는 것은 어떤 것이 있는지 찾아보았다. 휴식, 명상, 기분 좋은 생각 등 여러 가지가 있지만 무엇보다도 진정한 감사를 느낄 때 심신상태가 가장 편안해진다는 것을 발견하였다. 로버트 에몬스(Robert Emmons) 심리학 교수는 감사일기를 꾸준히 쓴 그룹과 일상적인 일기를 쓴 그룹으로 나눠 꾸준히 기록하게 한 뒤 비교해보니, 감사일기를 쓴 그룹의 75%가 행복지수가 높아지고, 숙면에 도움이 되고, 업무 성과까지 좋아졌다는 연구결과를 발표했다. 즉, 감사일기를 꾸준히 쓴다는 것은 긍정적인 감정을 느끼는 두뇌를 활성화시킨다는 것이다. 감사일기를 꾸준히 쓰다 보면 인간관계가 더욱 좋아진다는 연구결과도 있고, 자신의 삶에 대한 만족도가 높아진다.(이동환)

오프라 윈프리의 감사일기

미국의 유명한 토크쇼 진행자인 오프라 윈프리는 어릴 때부터 감사하는 삶을 실천한 사람으로 유명하다. 그녀는 "우리 주변에는 감사해야 할 일이 아주 많으며 그것들을 매일 기록해야 한다."라고 하였다. 감사하는 습관을 통해 그 누구보다도 더 감사의 힘을 강하게 경험하게 되었고, 그러한 힘이 그녀를 있게 한 원동력이 된 것이다. 오프라 윈프리는 자신의 토크쇼에 출연한 게스트들의 사연에 경청하며 진심으로 공감하고 위로를 건네는데 이를 본 시청자들은 오프라 윈프리의 따뜻함에 다시 한 번 더 위안을 받게 된다. 오프라 윈프리가 모두의 사랑을 받는 토크쇼 진행자로 거듭난 데에는 이렇게 사소한 것에 감사하는 그녀의 습관 때문일 것이다.

오프라 윈프리는 바쁜 일상 속에서도 절대 빠트리지 않는 것이 하나 있다. 바로 날마다 감사일기를 쓰는 것인데, 하루에 일어났던 일 중에서 다섯 가지 감사목록을 찾아서 기록한다. 감사 내용과 대상은 거창한 것이 아니라 아래와 같이 아주 소소한 일상의 것들이다.

1. 오늘도 거뜬하게 잠자리에서 일어날 수 있어서 감사합니다.
2. 유난히 눈부시고 파란 하늘을 볼 수 있어서 감사합니다.
3. 점심 때 맛있는 스파게티를 먹게 해 주셔서 감사합니다.
4. 얄미운 짓을 한 동료에게 화내지 않게 해준 저의 참을성에 감사합니다.
5. 좋은 책을 읽었는데 그 책을 써준 작가에게 감사합니다.

Work Sheet

1. 자신의 감사일기를 써 봅시다.

❶

❷

❸

❹

 삶 속에서 작은 것부터 감사하기를 실천하는 사람들의 긍정적인 효과는

• 삶에 대한 만족도가 높다.
• 삶의 목표를 성취한다.
• 처해진 상황이 아무리 힘들어도 행복한 삶을 살아갈 확률이 높다.
• 감사하는 태도는 상대방에게 자부심을 느끼게 해준다.
• 늘 감사표현을 잘 하는 사람은 자신도 가치 있고 소중한 사람이 된다.
• 사소한 일에도 감사(thank you)하고 미안(excuse me, sorry)하다는 말을 하며 감사할 줄 아는 습관을 기르는 것이 교양을 높이는 것이다.
• 매사에 감사함을 많이 느끼고 표현하는 사람은 그렇지 않은 사람보다 서로 소통하며 살아간다.
• 고난과 슬픔을 겪을 때마다 감사해야 할 일에 신경을 집중한다.
• 마음의 여유를 찾고 스스로 위안을 받을 수 있는 기억이나 사실을 활용한다.

3) 칭찬(admiration)

　칭찬은 상대의 마음을 열게 할 뿐 아니라 행동의 변화도 이끌어 낼 수 있다. 또한 타인이 성장할 수 있도록 돕고 자신감과 긍정적인 사고방식을 갖게 할 수 있다. 칭찬은 또 다른 동기부여가 되기도 한다. 성공한 사람일수록 칭찬과 감사를 받고 싶은 욕구가 강하다.

　미국의 역사상 가장 존경받을 만한 대통령 중, 아브라함 링컨 대통령도 암살을 당할 당시 그의 호주머니에 이런 신문조각이 들어 있었다.

　"아브라함 링컨은 역대 정치인 중에서 가장 존경받을 만한 사람이라 할 수 있다."

　칭찬은 영웅도 들뜨게 한다. 수많은 어려움 속에서 외롭게 대통령직을 수행하여야 했을 링컨에게 있어 이러한 칭찬 한마디는 큰 힘이 되었을 것이다.

사례 피그말리온 효과(Pygmalion effect)

피그말리온 효과는 '자기 충족적 예언(Self-fulfilling prophecy)' 즉, 어떻게 행동할 거라는 주위의 예언이나 기대가 행위자에게 영향을 미쳐 결국 그렇게 행동하도록 만든다는 이론이다. 처음에는 뭔가를 기대할 수 있는 상대가 아니었다 해도 마음속으로 믿고 행동함으로써 상대를 자신이 원하는 대로 변하게 만드는 신비한 능력이 우리 마음에 있다. 심리학 이론의 유래가 된 피그말리온 효과란 '칭찬은 고래도 춤추게 한다.'라는 말이 있듯이 칭찬하면 칭찬할수록 더욱 더 잘하는 동기를 제공하는 그리스 신화 피그말리온의 일화를 '피그말리온 효과'라고 하며, 사람은 칭찬과 기대를 받으면 기대만큼 성장한다는 교육 심리학의 유래가 된 것이다.

사랑의 여신 아프로디테(비너스)와 같은 이상적 여성을 사랑한 키프로스의 왕 피그말리온은 현실의 여성을 불신한 나머지 오랫동안 독신을 고집하였다. 그는 아예 사랑의 여신 아프로디테를 모델로 한 이상적인 여성 조각상을 완성하고 나서 그만 그 조각과 사랑에 빠지고 말았고 하루 종일 그 조각만을 바라보며 하루하루를 보내면서 그 조각상이 차고 단단한 조각일 뿐이라는 현실 때문에 슬픔에 잠기게 되었다. 아프로디테 여신의 신전(神殿)을 찾아가 자신의 사랑을 이루어지게 해 달라고 소원을 빌었고 이 모습을 지켜 본 사랑의 여신은 조각상에 생명을 불어 넣어 주었다. 집에 돌아온 피그말리온은 슬픔에 젖어 자신이 만든 조각을 꼭 끌어안았다. 그런데 이상한 일이 일어났다. 항상 차디차기만 했던 조각이 오늘 따라 따뜻하게 체온이 느껴져서 너무 놀라 한걸음 뒤로 물러섰고 잠시 후 조각의 입술에 키스를 했다. 그 뒤 심장의 고동 소리가 그의 가슴에도 느껴졌다. 그 후 피그말리온은 조각이었던 그 여인과 결혼해서 행복하게 잘 살게 되었다.

가장 현명한 사람은 모든 사람에게서 배우는 사람이다.
가장 강한 사람은 자기의 감정을 억제할 수 있는 사람이다.
가장 부유한 사람은 자기가 가진 것으로 만족하는 사람이다.
사람들에게 가장 사랑받는 사람은 모든 사람을 칭찬하는 사람이다.

탈무드 중에서

Work Sheet

1. 자신에 대한 칭찬 5가지를 적어보자.

-
-
-
-
-

2. 타인에 대한 칭찬 5가지를 적어보자.(가족, 친구, 교수님, 지인 등)

-
-
-
-
-

4) 사랑

사랑은 관계의 본질이며, 행복의 근원이라고 할 수 있다. 우리 자신을 이루고 있는 가장 깊은 부분이며 우리 안에 살면서 우리를 이어주는 에너지이다.

빅토르 위고는 삶의 가장 큰 행복은 우리 자신이 사랑받고 있다

는 믿음으로부터 온다고 말했으며, 아우구스티누스는 오로지 사랑만이 인간을 아름답게 만든다고 하였다.

에릭 프롬은 사랑은 단순한 감정이 아니라 '인격의 완성'이라는 전인적인 과정이라고 말하였다. 진정한 사랑은 타인에 대한 관심, 책임존중, 지식을 바탕으로 타인의 성장도 함께 능동적으로 노력하는 과정이라고 주장한다. 사랑이 없다면 우리 인간은 이기적이고 자기중심적으로 살아가게 될 것이다. 심리학자(John Lee, 1973)는 사랑의 기본적인 유형을 6가지로 분류하였다.

출처: 이상복, 행복을 부르는 긍정 심리학, 2013, 공동체

표 1-3_ **사랑의 기본적인 유형**

사랑 유형	내 용
아가페	무조건적이고 헌신적으로 타인을 위하고 보살피는 이타적 사랑, 의지적 사랑
에로스	뜨거운 열망과 욕망이 중요한 요소가 되는 강력한 낭만적 사랑, 육체적 사랑
루터스	유희와 쾌락을 중요시하며 즐기는 유희적 사랑
마니아	상대방에 대한 강한 소유욕과 집착을 중요시 하는 소유적 사랑, 중독된 사랑
프래그마	이성에 근거한 현실적이고 합리적인 사랑, 실용적 사랑, 논리적 사랑
스토르게	친구에게 느껴지는 친밀감과 우정이 주가 되는 동반자적 사랑, 우애적 사랑

사례 "베푸는 것이 최고의 소통이다."

태국의 한 이동통신 회사의 광고영상이 전 세계 네티즌에게 잔잔한 감동을 전하고 있다.

아픈 엄마를 위해 약을 훔친 꼬마. 그 꼬마를 호되게 질책하는 약국 주인. 그 모습을 옆에서 지켜보던 식당 주인아저씨는 약값을 대신 지불하고 약과 함께 야채수프를 꼬마 아이에게 전한다. 아저씨가 건네는 비닐봉지를 받아든 꼬마는 아저씨의 얼굴을 물끄러미 바라보다 이내 봉지를 잡아채고 뛰어간다.(감사하다는 인사도 못한 채 …)

30년이 지난 후, 그 아저씨의 식당에 걸인이 한 명 찾아온다. 딸은 익숙한 듯 아빠를 부르고, 아저씨는 자연스레 야채수프를 건넨다. 이 아저씨는 여전히 어려운 사람들을 도우며 지내고 있다. 하지만, 갑자기 쓰러진 아저씨는 병상에 눕게 됐다. 그리고 딸이 받아든 병원 영수증에는 우리 돈으로 약 2,700만원이라는 엄청난 금액이 쓰여 있다. 병원비를 걱정하던 딸은 결국 식당을 급매로 내놓는다.

병상을 지키던 딸이 잠시 자고 일어나보니 믿을 수 없는 일이 벌어졌다. 딸 앞에 놓인 병원 영수증에 '총 의료비용 0원'이라고 적혀 있는 것이다. 이어진 메모에는 '모든 비용은 30년 전 지불됐습니다. 세 통의 진통제와 야채수프와 함께. 안부를 전합니다.'라는 글이 쓰여 있었다.

30년 전 아저씨의 도움으로 아픈 엄마에게 약을 사드릴 수 있었던 이 꼬마는 의사로 성장했고, 이제는 그 선행을 갚게 된 것이다. 영상 말미에는 '베푸는 것이 최고의 소통'이라는 메시지를 전한다.

이 영상은 미국 존스홉킨스 대학병원 공동설립자인 하워드 켈리(Howard A. Kelly) 박사의 실화를 바탕으로 제작된 것이다. 하워드 박사는 대학시절 자전거를 타고 방문 판매를 하며 학비를 벌었다. 하루는 배고픔에 지친 나머지 한 집의 문을 두드리고, 물 한 잔을 달라고 부탁했다. 그 집에 살던 소녀는 하워드가 굶주린 것을 알고 물이 아닌 우유 한 잔을 대접했다.

10여년의 세월이 흘러, 하워드 켈리는 산부인과 의사가 됐고, 당시 하워드에게 우유를 건넨 소녀는 희귀병으로 병원에 입원하게 됐다. 그 소녀를 알아본 하워드는 정성으로 치료했고, 병원 영수증에는 '한 잔의 우유로 모두 지급됐습니다.'라는 글을 남겼다.

석혜원

Work Sheet

본인의 경험 나누기

1. 사랑을 베풀었거나 받은 경우

2. 사랑을 베풀었는데 고마움을 모르는 경우처럼 마음 상했던 경험

5) 긍정적인 사고(affirmative thinking)

심리학에 나오는 에릭 번의 교류분석 이론에서는 사람들이 대인관계를 맺어가면서 보여주는 삶의 태도(life position)를 네 가지로 분류하고 있다. 인간은 초기 아동기에 자신과 자신의 주변에 있는 사람들에 의해 어떤 신념을 갖게 되며, 이런 신념은 일생동안 그 사람의 대인관계에 지속적으로 영향을 미치게 된다고 한다. 네 가지 태도는 나와 남을 어떻게 전제하고 인간관계를 맺어 가는가에 대한 성찰이다.

대인관계가 원만한 사람이 되기 위해서는 자신과 타인을 존중할 줄 아는 긍정적인 사고로 살아가는 인생태도가 중요하다.

에릭번의 교류분석 이론의 4가지 삶의 태도

- 'I am not OK, You are OK'형   자기부정, 타인긍정
- 'I am not OK, You are not OK'형   자기부정, 타인부정
- 'I am OK, You are not OK'형   자기긍정, 타인부정
- 'I am OK, You are OK'형   자기긍정, 타인긍정

'I am not OK, You are OK'

자기부정, 타인긍정형의 사람은 타인과 비교해서 열등감을 느끼고 의기소침해하는 사람들이 주로 취하는 자세이다. 나는 별것 아닌 사람이지만 남은 괜찮은 사람이라고 생각하는 유형. 자신의 장점은 외면하고 다른 사람의 장점을 부러워하며 열등의식에 빠져있으며 자기부정의 감정이 존재한다는 것은 무력감과 의존성이 있다는 것을 의미한다.

'I am not OK, You are not OK'

자기부정, 타인부정형의 사람은 나도 별것 아니고 남들도 별것 아니라고 생각하는 사람. 실패를 반복하여 자포자기한 사람들에게서 많이 나타나는 유형.

태어나면서 성장기에 특히 5~6세까지 무조건적이고 긍정적인 스트로크*를 받지 못하고 엄한 규제와 무관심 등의 부정적인 스트로크에 의해 양육된 경우 이러한 태도를 취하기 쉽다.

4차 산업시대의 인성과 진로 및 취업

스트로크(stroke)

손으로 쓰다듬기, 어루만지기라는 의미이며 인간은 타인에게 인정받고자 하는 욕구가 있고, 상대의 말과 얼굴 표정, 몸짓 등을 주고 받음으로써 서로의 존재를 인정하게 된다는 것이다.

'I am OK, You are not OK'

자기긍정, 타인부정형의 성향을 지닌 사람은 나는 옳고 너는 옳지 않다는 태도를 보이는 사람. 자신은 선이고 타인은 악이라는 사고방식이 지배적인 사람. 이 태도를 취하는 사람은 강한 자기애에 빠져 있으므로 자기 성찰이나 반성을 하지 않는다.

'I am OK, You are OK'

자기긍정, 타인긍정적인 태도를 보이는 사람. 자신도 괜찮은 사람이고 남들도 괜찮은 사람들이라고 생각하는 사람의 유형. 가장 바람직한 우리가 지향해야 할 자세이다, 정신적으로 건강하고 사물을 긍정적으로 대하며 자신뿐만 아니라 타인의 존재를 충분히 인정하는 성숙한 인격을 지닌 사람으로 자기와 타인을 수용하고 조화롭게 살아간다.

🏆 표 1-4_ OK(긍정), Not-OK(부정) (교류분석)

OK(긍정)	Not-OK(부정)
• 안정감이 있다. • 아름답다. • 사랑받고 있다. • 할 수 있다. • 도움이 된다. • 강하다. • 하면 된다. • 자아실현을 하고 있다.	• 안정이 안 된다. • 보기 싫다. • 사랑받을 가치가 없다. • 안 된다. • 실패한다. • 약하다. • 무엇을 해도 안 된다. • 자아실현이 안 된다.

🏆 표 1-5_ 바람직한 삶의 태도

자기긍정(I am OK)의 강화	타인긍정(You are OK)의 강화
• 긍정적 자기 충족적 예언을 한다. • 이미지 트레이닝을 한다. • 안전지대를 넓힌다. • ~인 것처럼 행동한다.	• 타인을 존중한다. • 공감적 경청을 한다. • 함부로 평가하지 않는다. • 인간적인 진실함을 갖는다. • 이해하고 쉽게 용서한다.

출처: 이상복, 행복을 부르는 긍정심리학, 공동체, 2012, 재구성.

사례   마쓰시다 고노스케에게 배우는 긍정적 사고

마쓰시다 고노스케는 세계적인 부호이자 사업가로 일본의 마쓰시타전기, '내쇼날' 브랜드의 창업자이다. 그는 기업인들뿐만 아니라 많은 사람들로부터 존경 받는 경영자이며, 그를 '경영의 신(神)'이라고 칭송하기도 한다. 그에게는 유명한 일화가 있다. "회장님은 어떻게 하여 이처럼 큰 성공을 하였습니까?"라는 질문에 그가 살아생전에 고백한 말은 하늘이 준 세 가지 선물이 있는데,

첫 번째는 가난한 집에서 태어난 것이다.

그 덕분에 나는 구두닦이, 신문팔이 등 스스로 생계유지를 위해 장사를 하지 않으면 안 될 상황에서 고객을 만족시키고 장사하는 법을 배우게 되어 오늘날 큰 기업을 경영하는데 도움이 되고 있다.

두 번째는 허약하게 태어난 것이다.

어릴 적부터 건강의 중요성을 알고 꾸준히 운동을 하고 관리하여 오랫동안 건강하게 살 수 있었다. 그는 숱한 역경을 극복하고 엄청난 성공신화를 이루며 95세로 삶을 마감함으로써 장수의 복을 누렸다.

세 번째로는 배우지 못했다.

초등학교 4학년을 중퇴했기 때문에 세상 모든 사람들을 스승으로 받들어 항상 배우려고 노력하고 다른 사람들의 말에 귀 기울일 줄 아는 겸손한 자세를 가질 수 있었다.

마쓰시다 고노스케는 어려운 상황에서도 현실을 인정하고 긍정적으로 세상을 바라보고 상황을 자신에게 유리하게 해석하며 대응하는 주도적인 사람이었다. 그러한 그의 긍정성은 대기업을 일구고 사람들로부터 칭송 받는 밑거름이 될 수 있었다.

출처: 경영의 신, 마쓰시다 고노스케

Work Sheet

1. 에릭번의 교류분석 이론에서 대인관계에서 보여주는 삶의 태도 4가지 중 자신은 어떤 삶의 태도를 가지고 있는지 적어보자.

2. 위의 4가지 삶의 태도 중 바람직한 삶의 태도인 자기긍정(I am OK), 타인긍정(You are OK) 적인 태도로 살아가기 위해서는 위 설명 외에 자신이 생각하는 것을 살펴보자.

❶ 자기긍정(I am OK)의 강화 :

❷ 타인긍정(You are OK)의 강화 :

6) 배려(consideration)

배려란? 어떤 대상을 보살펴 주고자 하는 마음을 말한다. 그 대상은 사람뿐 아니라 우리가 살고 있는 지구의 동식물, 물, 공기, 토양 등 환경을 포함하는 것이다. 가정, 학교, 직장 등 크고 작은 집단의 사회구성원으로서 타인을 배려하는 것은 물론 사회적 약자에 대한 관심을 갖고 그들을 동등하게 받아들이는 자세와 지구 환경을 지키고 보호하고자 하는 마음도 필요하다. 배려는 우리 모두를 이롭게 하고 행복하게 하는 긍정의 자원이 되는 것이다.

요즘 나눔과 기부에 관심과 참여가 연예인들 사이에 일어나고 있으며, 대표적으로 탤런트 김혜자, 신애라, 가수 김장훈 등이 있고, 선행커플로 잘 알려진 션-정혜영 부부는 두 자녀의 돌잔치 비용을 서울대 어린이 병원에 기탁하고 불우한 아이들의 수술을 돕고 매일 1만원씩 저축해 또 다른 어린이 환자의 수술비를 마련해주는 등 나눔과 배려를 몸소 실천하는 솔선수범의 좋은 예가 되고 있다.

노블리스 오블리주(Noblesse Oblige)

노블리스 오블리주는 프랑스어로 고귀한 신분(귀족)이라는 노블리스와 '책임이 있다'는 오블리주가 합해진 것이다. 1808년 프랑스 정치가 가스통 피에르 마르크가 처음 사용한 것으로 '높은 신분에 상응하는 도덕적 의무'를 뜻한다. 초기 로마시대에 왕과 귀족들이 보여준 투철한 도덕의식과 솔선수범하는 공공정신에서 비롯되었다. 근대와 현대에 이르러서도 이러한 도덕의식은 계층 간 대립을 해결할 수 있는 최고의 수단으로 여겨져 왔다. 특히 전쟁과 같은 총체적 난국을 맞이하여 국민을 통합하고 역량을 극대화하기 위해서는 무엇보다 기득권층의 솔선하는 자세가 필요하다. 실제로 제1차 세계대전과 제2차 세계대전에서는 영국의 고위층 자제가 다니던 이튼칼리지 출신 중 2,000여명이 전사했고, 포클랜드전쟁 때는 영국 여왕의 둘째아들 앤드루가 전투헬기 조종사로 참전하였다. 6·25전쟁 때에도 미군 장성의 아들이 142명이나 참전해 35명이 목숨을 잃거나 부상을 입었다.

출처: 매일경제

사례 **[루소와 밀레의 우정] 배려하는 사회**

해질녘 농부가 수확을 마치고 신에게 감사의 기도를 올리는 장면, 바로 프랑스의 화가 밀레의 '만종'에 그려진 유명한 이미지이다.

밀레는 지금은 세계적으로 알려진 화가지만 처음부터 그의 그림이 인정받은 것은 아니다. 그의 그림을 눈여겨 봐왔던 것은 평론가들이 아니라 "자연으로 돌아가라"의 사상가 루소였다. 작품이 팔리지 않아 가난에 허덕이던 밀레에게 어느 날 루소가 찾아 왔다.

"여보게, 드디어 자네의 그림을 사려는 사람이 나타났네."

밀레는 친구 루소의 말에 기뻐하면서도 한편으로는 의아했다. 왜냐하면, 그때까지 밀레는 작품을 팔아본 적이 별로 없는 무명화가였기 때문이었다.

"여보게, 좋은 소식이 있네. 내가 화랑에 자네의 그림을 소개했더니 적극적으로 구입의사를 밝히더군, 이것 봐, 나더러 그림을 골라 달라고 선금을 맡기더라니까."

루소는 이렇게 말하며 밀레에게 300프랑을 건네 주었다. 입에 풀칠할 길이 없어 막막하던 밀레에게 그 돈은 생명 줄이었다. 또 자신의 그림이 인정받고 있다는 희망을 안겨 주었다. 그리하여 밀레는 생활에 안정을 찾게 되었고, 보다 그림에 몰두할 수 있게 되었다.

몇 년 후 밀레의 작품은 진짜로 화단의 호평을 받아 비싼 값에 팔리기 시작하였다. 경제적 여유를 찾게 된 밀레는 친구 루소를 찾아갔다. 그런데 몇 년 전에 루소가 남의 부탁이라면서 사간 그림이 그의 거실 벽에 걸려 있는 것이 아닌가?

밀레는 그제야 친구 루소의 깊은 배려의 마음을 알고 그 고마움에 눈물을 글썽였다. 가난에 찌들려 있는 친구의 자존심을 지켜주기 위해 사려 깊은 루소는 남의 이름을 빌려 자신의 그림을 사주었던 것이다.

인간관계를 열어주는 이런 배려는 인생을 아름답게 사는 밑거름이 된다.

출처: [루소와 밀레의 우정] 배려하는 사회 | 작성자 킴스

 '마더테레사 효과'

　　1988년 미국 하버드 대학교 의과대학에서 흥미로운 임상 실험이 진행되었다. '선행'과 '면역 기능'과의 상관관계를 비교, 분석한 이 실험에서 실험 대상자 하버드생 132명에게 마더테레사 수녀의 일대기를 그린 영화를 보여준 후, 보여주기 전과의 면역 항체 수치의 변화를 측정하였는데 신기하게도 스트레스 지수가 현저히 줄어들고 면역 항체의 수치가 증가하는 결과가 나왔다. 이 실험 결과에 대해 봉사와 사랑을 베풀며 일생을 보낸 마더테레사 수녀의 이름을 붙여 '마더테레사 효과'라고 지칭하게 되었다. '슈바이처 효과'라고도 하는 마더테레사 효과를 통해 남을 위한 봉사 활동, 즉 나눔을 실천하거나 선한 일을 보기만 해도 면역 기능이 크게 향상된다는 사실을 알 수 있다. '선행', '나눔', '배려'의 미덕이 도움을 받는 사람과 도움을 지켜보는 사람, 그리고 도움을 행한 사람에게까지 긍정적인 영향을 준다는 점에서 나눔은 남을 위한 것이기도 하지만 나를 위한 것이기도 하다.

Work Sheet

1. 자신이 타인에게 나눔과 배려를 실천했던 행동은?

2. 자신이 타인에게 배려했던 말을 적어 보자.

7) 정직(honest)

거짓이나 꾸밈이 없이 마음이 바르고 곧음을 의미하며 매우 솔직하고 진실한 것으로 사람에게 있어 매우 중요하다.

우리는 일상생활에서 정직과 관련된 다양한 갈등상황에 직면하게 된다. 정직한 삶은 종종 용기와 희생이 요구되기도 한다.

정직의 중요성

- 장기적으로 볼 때 신용이라는 큰 재산을 쌓을 수 있다.
- 평안과 안식을 얻을 수 있다.
- 자신의 양심을 지키고 남에게 피해를 주지 않는다.
- 건전한 사회 가치 형성에 기여한다.
- 정직과 신뢰는 국제사회에서도 중요한 의미를 가진다.

출처: 도윤경 외, 혜천품성, 2014.

 열쇠장이가 주는 교훈

우리는 자동차나 집 또는 사무실의 열쇠가 없어 다른 방법으로 애써 열려다가 열지 못하고, 열쇠장이를 부르는 경우가 있다. 그러나 그 열쇠장이는 그렇게 애써도 열지 못한 문을 불과 몇 초 만에 열어준다. 자물쇠는 다음과 같은 도덕성과 관련된 교훈을 들려준다.

자물쇠는 정직한 사람들을 정직한 상태로 계속 남아 있게 하려고 달아놓은 장치일 뿐이라는 것이다. "세상 사람들 중 1%는 어떤 일이 있어도 절대 남의 물건을 훔치지 않는다. 또한 세상 사람들 중 1%는 어떤 일이 있어도 남의 물건을 훔치려 한다. 나머지 98%는 조건이 제대로 갖추어져 있는 동안에만 정직한 사람으로 남는다. 이 사람들은 강한 유혹을 느끼면 얼마든지 부정직한 사람으로 옮겨 갈 수 있다는 것이다. 자물쇠는 문이 잠겨 있지 않았을 때 유혹을 느낄 수 있는 98%의 정직한 사람들이 유혹을 느끼지 않도록 막아 줄 뿐이다."

출처: 덴 애리얼리, 이경식 옮김(2012), 거짓말하는 착한 사람들

　유한양행의 창업주인 유일한 박사는 유한양행의 안양 공장에 들러 약의 성분을 점검하던 중 약의 성분 하나가 빠진 약품을 발견하고 직원들에게 이렇게 말했다. "지금 우리가 만든 이 약에는 들어가야 할 성분 하나가 빠져 있습니다. 비록 빠진 것이 하나이긴 하지만 한 사람의 생명을 살리는데 그것이 꼭 들어가야 하는 성분이라고 생각합니다. 그래서 저는 이 약을 모두 태워 없애려고 합니다." 그는 크나큰 손해를 무릅 쓰고 엄청난 양의 약을 직접 불 태워버렸다.

Work Sheet

1. 나의 생활 속에서 정직한 면과 정직하지 못한 점 찾아보기.

정직한 면	정직하지 못한 면

2. 정직하지 못한 점이 있다면 어떻게 개선할 수 있을까?

8) 성실(sincerity)

정성스럽고 참됨을 의미하며 성실함이란 어떤 일에 목적을 정해 놓고 최선을 다해 꾸준하고 열심히 노력하는 것이다. 성실은 가치 있고 의미 있는 것들을 이루기 위해 거짓 없이 노력하는 태도이며 인격과 생활을 형성해가는 근본이 바로 성실이다. 또한 성실은 성공의 요소이며 최대의 자기관리 방법이다. 뛰어난 재주가 있음에도 불구하고 실패한 사람들이 많은 이유는 성실함과 겸손함이 뒷받침되지 못했기 때문이다. 성실이란 '무엇을 하겠다고 하면 어떤 일이 있어도 반드시 실천하는 능력'이라고 할 수 있다.

 가장 못생긴 발가락

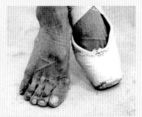

아침에 눈을 뜨면 늘 어딘가 아프고 아프지 않은 날은 '내가 연습을 게을리 했구나.'하고 반성하게 된다. 몸이 피곤한 날 도저히 못할 것 같다는 생각이 들다가도 일단 토슈즈를 신고 연습실에 서면 말할 수 없이 행복했다. 발레를 하면 거의 매일 아프기 때문에 통증을 친구로 여기게 되었다. 힘든게 내게는 보통이다. 나는 발레를 하면서 경쟁자를 생각해 본적도 어떤 목표도 가져본 적도 없다. 모든 작품, 모든 동작, 모든 연습에 그저 최선을 다했을 뿐이다. "발레나 공부나 벼락치기는 안 통해요. 단계를 밟아 나가는 것이 중요해요. 빨리 가려고 하지 말고 거북이처럼 가세요."

강수진

강수진은 동양인으로서는 최초로 스위스 로잔 국제발레 콩쿠르에서 1위를 차지했으며, 세계 5대 발레단의 하나인 독일 슈투트가르트 발레단에 최연소로 입단한 프리마 발레리나로 세계적인 천재 발레리나이다. 강수진은 연습벌레다. 하루에 15~19시간의 연습 속에 남들은 2~3주에 걸쳐 신는 토슈즈를 그녀는 하루에 네 켤레씩 갈아 신어야 했다. 1년에 천여 켤레의 토슈즈가 닳아 떨어지고 말짱하던 발이 물집이 잡히고 발톱이 빠지고 살이 짓물러 터졌다. 토슈즈를 벗을 때면 상처에서 나온 피와 고름이 범벅이 되어 있어서 생살을 떼어내는 아픔을 느껴야 했다. 마디마디 찌그러지고 뒤틀린 채 굳은살이 박혀있는, 이 세상에서 가장 못생긴 그녀의 발가락은 땀과 눈물로 이어진 그녀의 노력의 결과물이다. 노력은 천재를 만든다. 손쉽게 이루어지는 일은 크게 기대할 것이 못된다. 힘들고 어려워서 마지막 죽을 힘마저 다 뽑아 올릴 때에 비로소 그 사람의 내면에 잠재된 능력이 개발되어 나오는 것이다.

Work Sheet

1. 성실한 대학생활 실천 요소

	실천요소	O, X
1	나는 나에게 주어진 대부분의 시간을 소중하고 의미 있는 일에 쓰는 편이다.	
2	나는 수업시간에 수업내용 이외의 것을 하지 않는다. (다른 과제, 잡담, 휴대폰)	
3	나는 대학생활에서 만나는 인간관계를 잘 하고 있다. (교수님, 친구, 선후배 등)	
4	항상 배우는 자세로 임하며 열심히 실천한다.	
5	시작한 일은 끝까지 정성을 다해 마무리한다.	
6	학업에 지장이 없도록 항상 건강관리에 유의한다.	
7	오늘 할 일을 내일로 미루지 않는다. (과제, 프로젝트 등)	
8	미래에 대한 준비를 열심히 한다.	
9	나는 수업시간을 엄수한다. (지각, 결석)	
10	나는 나와의 약속, 또는 다른 사람과의 약속을 잘 지키는 편이다.	

2. 성실한 생활 중에 습관은 매우 중요한 부분입니다. 좋은 습관을 갖기 위한 노력점수를 체크해 봅시다.

항목	1 전혀 아니다	2 아니다	3 보통 이다	4 그렇다	5 매우 그렇다
1 나에게는 타인이 수긍할 만한 좋은 습관이 많이 있다.					
2 최근 1년 이내에 새로 익힌 좋은 습관이 있다.					
3 나는 새로운 좋은 습관을 들이기 위해 노력한다.					
4 내가 갖고 싶은 좋은 습관을 꾸준히 벤치마킹하고 있다.					
5 타인의 좋은 습관에 대해 항상 관심을 갖고 시도해본다.					

평가(총점 25점 만점)

10점 이하: 매우 낮음   11 ~ 15점: 낮음   16 ~ 20점: 높음   21 ~ 25점: 매우 높음

출처: http://www.youthhope.or.kr(재구성)

4차 산업시대의 인성과 진로 및 취업

9) 공경^(respect)

남을 대할 때 몸가짐을 조심스럽게 하고 받들어 모신다는 의미이며, 인간
관계에서 보편적으로 적용되는 기본적인 예절이다.

사례 타인존중 – 인도의 성자 썬다싱

인도의 성자 썬다싱에게 이런 일화가 있다.

하루는 썬다싱이 한 사람의 동료와 함께 눈이 많이 쌓인 산길을 가고 있었다. 추운 날씨에 눈
덮인 산길을 가면서 이들은 지체하다가는 혹독한 추위에 얼어 죽을 것이라고 판단되어 더욱
발걸음을 재촉하며 열심히 걷고 있었다.

그런데 산을 다 넘기도 전에 한사람이 길에 쓰러져 있는 것을 발견했다. 아마도 그들보다 앞서
눈길을 가다가 지쳐 쓰러져서 얼어 죽은 것 같았다. 그래도 사람이 쓰러져 있으니까 썬다싱은
가슴에 손을 대봤다. 다행히 아직은 죽지 않고 심장이 뛰고 있었다.

그래서 같이 가던 동료에게 말했다. "이 사람이 아직 살아 있으니 업고 갑시다." 그러나
동행하던 사람은 반대했다. "싫습니다. 이 험한 눈길에 우리만 가도 살지 죽을지 모르는 판에
어떻게 저 사람을 업고 갑니까? 금방 죽을텐데 그냥 두고 갑시다. 업고 가려면 당신이나 업고
가시오. 나는 혼자라도 그냥 가겠소." 라며 먼저 가버렸다.

할 수 없이 썬다싱은 혼자서 그 사람을 업고 걷기 시작했다. 그는 길을 혼자 가기도 힘든데
한 사람을 업고 가려니 얼마나 힘들었을까? 그러나 힘이 드는 반면 그의 몸에는 열이 나며 땀이
나기 시작했다. 썬다싱이 땀을 뻘뻘 흘리며 그 사람을 업고 가는 동안 업혀가던 그 사람의 몸에
열이 전달되고, 차가왔던 그의 몸에 온기가 돌기 시작하며 그가 정신을 차리게 되었다. 한편
썬다싱은 업고 가기에 너무 지쳐서 쓰러지고 만다. 그러나 이미 그때는 업혀 가던 사람이 힘을
얻고서 정신을 차리고 있어서 오히려 그 사람의 도움을 받으며 둘은 산길을 갈 수 있었다.

한참을 가던 이들은 또 한사람이 눈길에 쓰러진 것을 발견했다. 가슴에 손을 대보니 그는 이미
죽어 있었다. 이 사람은 다름 아닌 혼자 살겠다고 가버린 그 사람이었다. 썬다싱은 죽어가던
사람을 업고 갔기 때문에 그 열기로 그 사람도 살리고 또 그 사람의 도움으로 둘 다 살 수 있게
되었던 것이다.

좋은 글 중에서

Work Sheet

1. 부모님이나 타인에게 무례하게 했던 말이나 행동을 생각해보자.

2. 부모님이나 타인에게 공경했던 행동이나 말을 생각해보자.

10) 이타적 행동

'이타적(利他的)'은 '자신보다는 남을 위해 이로운 일을 하는 것'을 의미한다. 즉, '이타적 행동'은 자신의 이익을 추구하기보다는 남을 돕고 이롭게 해주는 헌신적인 행동이라고 할 수 있다. '이타적'의 반대말은 '자신의 이익만을 꾀하는 것'을 의미하는 단어 '이기적(利己的)'이다.

타인을 도와주는 이타적인 행동은 고통을 함께 느끼는 감정이입 과정이 매우 중요하다. 상대방의 괴로움을 직접 느끼는 것이 도움행동의 가장 기본적인 동기이기 때문이다. 그러므로 타인의 입장에서 생각하고 느낄 수 있게 하는 정서적 훈련 즉, 공감 능력이 필요하다.

돌고래의 이타적 행동

국립수산과학원 고래연구소는 동해에 서식하는 고래류를 조사하는 과정에서 촬영한 이타적 행동 영상을 미국 비영리 야생동물단체 'Earth Views Productions'에서 제작하는 자료로 활용한다고 30일 밝혔다.

고래연구소는 2008년 참돌고래 떼를 추적하던 중 20여 마리의 무리가 아픈 한 마리가 숨을 쉴 수 있도록 수면 위로 몸을 밀어 올려주는 장면을 촬영했다. 포유류인 참돌고래는 물속에 계속 있으면 숨을 쉬지 못해 죽는다.

동료들의 눈물겨운 노력에도 불구하고 결국 숨을 거둔 참돌고래 한 마리가 물속으로 가라앉으면서 참돌고래의 장례의식은 막을 내렸다. 참돌고래가 숨진 이후에도 동료들은 마치 죽음을 애도하듯 한참동안 자리를 뜨지 않은 채 주위를 맴돌아 뭉클함을 자아냈다.

이 같은 참돌고래의 이타적 행동은 세계적으로도 희귀해 2012년 국제학술지에 발표되면서 영국 BBC 등 세계 언론의 주목을 받았다.

출처: 국제신문 2014. 6. 30

 도마뱀의 우정

　일본 도쿄 올림픽이 열렸을 때 스타디움 확장을 위해 지은 지 3년이 된 건물을 헐게 되었다. 지붕을 벗기던 인부들은 뒷다리 쪽에 못이 박힌 채 벽에서 움직이지 못하고 있는 도마뱀 한 마리를 발견하게 되어서 집주인은 인부들을 불러 그 못을 언제 박았느냐고 물어 보았다.

　그랬더니 인부들은 집을 짓던 3년 전에 박은 것이 분명하다고 했다.

　3년 동안이나 못에 박힌 채 죽지 않고 살아 있었다는 사실은 참으로 놀라운 일이라고 모두들 깜짝 놀랐다.

　사람들은 이 신기한 사실의 전말을 알아보기 위하여 공사를 잠시 중단하고 도마뱀을 지켜보기로 했다.

　그랬더니 다른 도마뱀 한 마리가 먹이를 계속 물어 다 주는 것이었다.

　그 도마뱀은 3년이란 긴 세월 동안 못에 박힌 친구를 위해 하루에도 몇 번씩 먹이를 가져다 주기를 게을리 하지 않았던 것이었다.

Work Sheet

1. 자신은 타인을 위해 이타적인 행동을 한 적이 있는지 생각해보고 있다면 사례를 발표해 보자.

2. 타인의 입장에서 생각하고 느낄 수 있는 자신의 공감 능력은 어느 정도인지 생각해보자.

11) 친화력과 협력성

친화력이란 '서로 다른 사람과 대상이 친하거나 친밀하여 잘 어울리는 힘'이라고 할 수 있으며 함께하는 우호적 관계인 상호협력성이 있는데 참된 인성의 조건으로 사람을 좋아하고 협력하는 품성을 들 수 있다.

 우분투(UBUNTU) 이야기

아프리카 부족에 대해 연구 중이던 어느 인류학자가 한 부족 아이들을 모아놓고 게임 하나를 제안했다. 나무 옆에 싱싱하고 달콤한 아프리카에선 보기 드문 딸기가 가득한 바구니를 놓고 누구든 먼저 바구니까지 뛰어간 아이에게 과일을 모두 주겠다고 하였다. 인류학자의 예상과는 달리 그의 말이 통역되어 아이들에게 전달되자마자 그 아이들은 마치 미리 약속이라도 한 듯 서로의 손을 잡았다. 그리고 손을 잡고 함께 달리기 시작했다.

아이들은 바구니에 다다르자 모두 함께 둘러앉아 입 안 가득 과일을 베어 물고 키득거리며 재미나게 나누어 먹었다.

인류학자는 아이들에게 "누구든 일등으로 간 사람에게 모든 과일을 주려했는데 왜 손을 잡고 같이 달렸느냐" 라고 묻자 아이들의 입에선 "UBUNTU"라는 단어가 합창하듯 쏟아졌다.

그리고 한 아이가 이렇게 덧붙였다.

"나머지 다른 아이들이 다 슬픈데 어떻게 나만 기분 좋을 수가 있는 거죠?"

"UBUNTU"는 아프리카어로 "우리가 함께 있기에 내가 있다."라는 뜻이다.

출처: 지혜의 숲

Work Sheet

1. 친화와 협력성을 경험해 본 사례를 생각해보자.

2. 친화와 협력성이 필요한 이유에 대해 설명해보자.

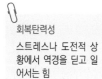

회복탄력성
스트레스나 도전적 상황에서 역경을 딛고 일어서는 힘

12) 자기통제력

올바른 인성을 가진 사람은 스스로를 잘 통제하고 위기에 처했을 때 잘 대처해 나가는 회복탄력성*을 가지게 된다. 자제력은 의지를 나타내며 결심을 행동으로 실천하는 행동이다. 또한 자기 통제력은 무형의 에너지이기도 하다. 자기통제를 잘하는 사람은 정신력이 강하고 힘든 일을 잘 이겨내기도 한다.

마시멜로 이야기

　　1960년대 후반, 당시 스탠퍼드대 교수 월터 미셸(Walter Michael)의 연구팀은 네 살짜리 아이들을 모아 놓고 일명 '마시멜로 실험'을 진행하였다. 연구팀은 아이들에게 마시멜로를 하나씩 나누어 주며 15분간 먹지 않고 참으면 상으로 한 개를 더 주겠다고 하고 아이들 행동을 관찰했다. 실험 결과 아이들의 참는 시간은 평균 9분이 채 되지 않았다. 15분까지 참는 아이는 3분의 1 정도였다. 어떤 아이들은 지금 먹고 싶은 마음을 참고 나중에 두 개 먹을 것을 기대한다. 반면 참지 못하고 지금 당장 만족을 위해 나중의 상을 포기하는 아이들도 있었다. 지금 먹고 싶은 마음을 잘 참은 아이들은 '만족지연능력(delayed gratification)'이 뛰어난 아이들이다. 만족지연능력은 미래의 더 큰 만족을 위해 현재의 만족(즐거움)을 스스로 늦출 수 있는 능력을 말한다.

　　그로부터 10여 년이 지난 이후 진행된 종단연구 결과, 미셸은 약 12년마다 실험에 참가했던 아이들을 조사하거나 테스트하면서 계속 지켜보았는데, 네 살짜리 아이들이 10대 후반의 청소년이 되었을 때, 마시멜로를 먹지 않고 참았던 쪽은 스트레스를 잘 견디고, 힘든 일에 빠졌다가도 곧바로 자신을 추스르며, 사회성과 대인관계가 좋고 과체중도 없으며 마약에 손댄 경우도 거의 없으며 학업에서도 우수한 성적을 나타내는 뛰어난 청소년으로 성장해 있었다. 이 연구결과는 자기 통제력이 높은 사람은 그만큼 성공 가능성이 높다는 것을 시사하고 있다.

출처: 좋은 글 중에서

Work Sheet

1. 스스로 생각했을 때 자기통제가 잘 되었던 상황은 어떤 상황인지 생각해 보자.

2. 자기 통제력을 실패했던 경험을 생각해보고 어떻게 하면 통제를 할 수 있을지 서술해 보자.

Work Sheet

올바른 인성을 통한 건강한 성격과 좋은 관계 맺기 12가지 항목(수용, 감사, 칭찬, 사랑, 긍정적인 사고, 배려, 정직, 성실, 공경, 이타적 행동, 친화력과 협력성, 자기통제력) 중

1. 자신이 현재 잘하고 있는 항목은?

2. 자신이 현재 부족하다고 생각되는 항목은?

3. 자신의 부족한 부분을 향상할 수 있는 방법을 생각해 보자.

02 자기이해 및 분석

1 자아인식

자기개념(self- concept) 나는 누구인가? 자신을 어떻게 얼마나 정확히 알고 있는가? 자아인식이란 자신의 흥미, 적성, 특성 등을 이해하고 자기정체감을 확고히 하는 능력이다. 자아인식은 자신의 욕구를 파악하고 자신의 능력 및 기술을 이해하여 자신의 가치를 확신하는 것으로 개인과 팀의 성과를 높이는 데 필수적으로 요구된다. 자신의 특성을 잘 알고 이를 잘 활용하는 사람은 업무 및 직장생활을 효과적으로 잘 수행할 수 있다.

자기개념
(self-concept)
나는 누구인가에 대한 질문에 대한 개인의 대답

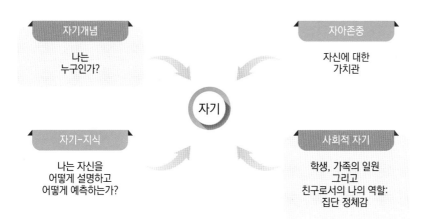

출처: 사회심리학, Divid G. Myers, 이종택 외 역. 한올.

Work Sheet

1. 나는 누구인가?(5분 명상)

2. 나에 대해 생각하고 알게 된 나만의 장점 5가지(긍정적 언어 사용)를 기록해 보자.

　　　　나는 (　　　　　　　　　　　　　　　　　)이다.

　　　　나는 (　　　　　　　　　　　　　　　　　)이다.

　　　　나는 (　　　　　　　　　　　　　　　　　)이다.

　　　　나는 (　　　　　　　　　　　　　　　　　)이다.

　　　　나는 (　　　　　　　　　　　　　　　　　)이다.

3. 나의 생애곡선 그리기

1) 생애 주기 곡선을 그리고 주요사건을 나타내어 보자.

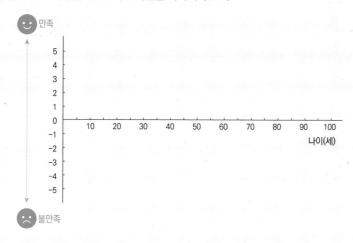

2) 일생 중 만족도가 특히 높은 시기와 낮은 시기에 대해 설명해 보자.

순위	나이	만족도가 높은 까닭
1		
2		
3		

순위	나이	만족도가 낮은 까닭
1		
2		
3		

출처: 서울시 교육청 직업진로교육

1) 자아존중감(self-esteem)

자아존중감이란? 자신이 사랑받을 만한 가치가 있는 소중한 존재이고 어떤 성과를 이루어낼 만한 유능한 사람이라고 믿는 마음이다. 이는 객관적이고 중립적인 기준이 아닌 사적인 판단이다. 자신을 객관화하는 것은 자아존중감을 갖는 첫 단추이다. 자아존중감을 줄여서 자존감이라고도 부른다. 이 용어는 미국의 의사이자 철학자인 윌리엄 제임스가 1890년대에 처음 사용하였다.

자존감이라는 개념은 자존심과 혼동되어 쓰이는 경우가 있다. 자존감과 자존심은 자신에 대한 긍정이라는 공통점이 있지만, 자존감은 '있는 그대로의 모습에 대한 긍정'을 뜻하고, 자존심은 '경쟁 속에서의 긍정'을 뜻하는 등의 차이가 있다.

출처 : 위키백과

❶ 자아존중감 향상

자존감은 자신을 인정하고 좋아하며 긍정적으로 평가하는 자세를 뜻한다. 이로 인해 자존감이 높은 사람은 자신을 존중함으로써 다른 사람과의 관계에서도 원만한 관계를 형성할 수 있다. 반면 자존감이 낮은 사람들은 진로를 결정하고 목표를 수립하는 데 여러 가지 문제들을 겪게 될 수 있다. 열등감, 우울성향, 의사결정의 부족 등 중요한 진로장벽의 원인이 된다.

❷ 자아존중감 발달

자아존중감은 자신의 역할을 얼마나 성공적으로 수행하는가에 대한 자기평가의 결과와 타인들의 동의 여부에 의해 형성된다.

높은 자존감을 가진 사람은 자신에 대하여 다음과 같이 생각한다.

- 자신의 타고난 성향을 그대로 좋아한다.
- 자신이 타고나지 않은 것을 부러워하지 않는다.
- 부족한 점에 대해서도 싫어하지 않고 받아들이면서 개선하려 노력한다.
- 다른 사람들이 자신을 있는 모습 그대로 좋아하기를 기대한다.

❸ **자아존중감이 미치는 영향력**

- 또래 집단, 동료 학생

- 외모나 신체적 매력

- 또래 집단의 수용 여부 및 인기

❹ **낮은 자존감의 영향력**

- 만성적인 무력감

- 우울증

- 약물중독

- 비행행동

TIP

자존감을 높이기 위해 고정관념을 바꾸자

- 모든 사람이 나를 사랑해야 한다.
- 나는 실패해서는 안 된다.
- 나는 고통을 경험해서는 안 된다.
- 나는 공정하게 대접받아야 한다.
- 나는 어떤 일이든 잘 수행해야 한다.

❺ **자아존중감을 향상시키는 태도**

- 긍정적 자세를 가져라.

- 감정을 있는 그대로 인정하라.

- 자신의 잘못을 두려워하지 마라.

- 존경하는 인물을 동일시하라.

- 책속에서 간접경험을 통해 높은 자아존중감을 경험하라.

- 진솔한 친구를 두라. (또래 친구의 긍정적인 인정도 필요하다)

- 목표를 달성할 수 있다는 긍정적 마인드를 가져라.

- 자신의 역할을 성공적으로 수행하려고 최선의 노력을 하라.

- 자신의 목표달성을 위해 작은 성공까지도 감사하라.

- 작은 모임에 참여하라 (자신을 지지, 격려해주고 관심사가 비슷한 모임)

Work Sheet

자존감 체크리스트

다음 문항에 대해 그렇다고 생각하는 것에는 Y표, 그렇지 않은 것은 N표 하세요.

1. 나는 지금의 나와는 다른 사람이 되었으면 한다.

2. 나는 사람들 앞에서 말하는 것이 두렵다.

3. 가능하다면 지금의 나를 바꾸고 싶다.

4. 나는 집에서 자주 화를 낸다.

5. 나는 새로운 것에 적응하는 데 많은 시간이 걸린다.

6. 나는 다른 사람이 하자는 대로 잘 따라 한다.

7. 부모님은 나에 대해 지나친 기대를 한다.

8. 나는 때때로 나 자신이 싫어질 때가 있다.

9. 여러 가지 일에 얽혀서 항상 공부에 방해를 받는다.

10. 나는 학교에서 당황할 때가 자주 있다.

11. 집을 나가고 싶다는 생각을 자주 한다.

12. 친구들에 비해 내 얼굴은 못생겼다.

13. 나는 다른 사람에게 호감을 주지 못한다.

14. 나에 대해 타인의 기대가 지나치다고 생각한다.

15. 나는 학교에 갈 의욕을 자주 잃는다.

16. 나는 믿을 만한 가치가 없는 사람이다.

17. 나는 무슨 일이든 쉽게 결정할 수 있다.

18. 나는 가만히 생각해 보면 아주 재미있는 사람이다.

19. 나는 친구들과 자주 어울린다.

20. 부모님은 항상 내 기분을 생각해 주신다.

21. 동생들은 내 말을 잘 듣는다.

22. 나는 나 자신을 신뢰한다.

23. 하고 싶은 말이 있으면 곧바로 말한다.

24. 나의 부모님은 나를 잘 이해해 주신다.

25. 나는 무슨 일이든 힘들어하거나 괴로워하지 않는다.

채점방법	1~16번은 N한 것에 1점씩, 17~25번은 Y한 것에 1점씩 채점 합계	
결과	21점 이상	매우 높다.
	16~20	높다.
	11~15	보통이다.
	6~10	낮다.
	5점 이하	매우 낮다.
점수가 높을수록 자아존중감이 높은 것을 의미		

출처 : 이용구(2009) 재구성.

2) 자아정체감

자아정체감이란 자기를 인식하고 지각된 내용을 체계화함으로써 자신을 존중하여 자신을 가치 있다고 여기는 동시에 자신의 한계를 인식하고 더 성장해야 되겠다는 욕구를 가지는 것이다.

❶ 올바른 자아인식

자아(自我, ego)란 생각, 감정 등을 통해 외부와 접촉하는 행동의 주체로서의 '나 자신'을 말한다. 사람의 심리 구조는 세 가지 부분으로 되어 있다.

자아(ego), 원초자아(id), 초자아(super-ego)이다.

💡 원초자아(id)

생리적, 본능적, 무의식적인 것으로, 논리성이 부족하고 만족만을 추구하며 사회적 가치를 무시한다.

💡 자아(ego)

이성적이고, 사리를 분별하고, 열정적인 원초자아(id)와는 상대적이며, 통제가 가능하다.

💡 초자아(super-ego)

원초자아(id)를 감독하는 임무를 맡고 있고, 도덕과 양심을 가지고 죄책감을 느끼며, 자아관찰을 하고, 자아를 위해 이상을 계획하는 기능을 말한다.

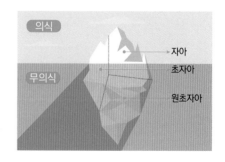

❷ 자아 구성요소

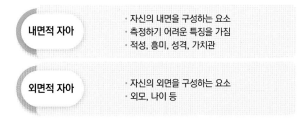

| 내면적 자아 | · 자신의 내면을 구성하는 요소
· 측정하기 어려운 특징을 가짐
· 적성, 흥미, 성격, 가치관 |
| 외면적 자아 | · 자신의 외면을 구성하는 요소
· 외모, 나이 등 |

우리가 어떤 사물이나 현상을 알기 위해서는 다양한 각도에서 객관적으로 점검하는 노력이 필요하다. 우리가 자신을 인식하는 것도 마찬가지이다. 보통 자신이 자신을 가장 잘 알고 있다고 생각하지만, 자신을 객관적으로 파악하기 위해서는 다른 사람의 의견과 표준화된 검사도구를 활용할 필요가 있다.

❸ 조해리의 창(Johari's Window)

조셉과 해리의 두 심리학자에 의해 만들어진 조해리의 창(Johari's Window)은 자신과 다른 사람의 두 가지 관점을 통해 파악해 보는 자기인식, 또는 자기이해의 모델이다. 조해리 창을 통해 보면 다음 그림과 같이 자신을 공개된 자아, 눈먼 자아, 숨겨진 자아, 아무도 모르는 자아로 나누어 볼 수 있다.

	내가 아는 나	내가 모르는 나
타인이 아는 나	공개된 자아(행동) (Open Self)	눈먼 자아(재능, 스킬) (Blind Self)
타인이 모르는 나	숨겨진 자아(가치) (Hidden Self)	아무도 모르는 자아(욕구) (Unknown Self)

이처럼 보다 객관적으로 자신을 인식하기 위해서는 내가 아는 나의 모습 외에 다른 방법을 적용할 필요가 있다.

💡 개방영역-공개된 자아(Open Self)

나도 알고 있지만 남도 아는 나의 모습이다. 이 영역이 넓은 사람은 인간관계가 원만하고 자기표현도 잘하고 경청도 잘한다.

> 예 이름, 성별, 직업, 가족사항 등

💡 맹인영역-눈먼 자아(Blind Self)

남들은 잘 알지만 자기 자신은 잘 모르는 나의 모습이다. 우리는 자기 자신을 잘 아는 것 같지만 실제로는 잘 모르는 경우가 있다.

> 예 성격, 습관, 장점, 단점

💡 은폐영역-숨겨진 자아(Hidden Self)

자기만 알고 타인은 잘 모르는 나의 모습이다. 별로 친하지 않은 관계에서는 이 영역이 넓을 수 있으나 관계가 가까워질수록 범위가 좁혀진다.

> 예 나의 약점이나 비밀

💡 미지영역-아무도 모르는 자아(Unknown Self)

남들은 물론 자기 스스로도 잘 모르는 나의 모습이다.

> 예 무의식, 어린 시절의 경험, 심리적 외상(트라우마trauma)

❸ 자아정체감을 증진시키는 단계

💡 자기탐색 단계

일상생활 가운데서는 느끼지 못했던 자신의 새로운 특성이나 장애, 소망 등을 새롭게 재조명해 보는 기회를 갖는다.

🌱 자기발달 단계

자신의 장점과 단점을 스스로 발견해 보고 타인의 눈에 비친 자신의 장
단점을 재확인해 볼 수 있는 기회를 갖는다.

🌱 자기이해 단계

자신에 대한 탐색 및 발견을 통해서만 이루어질 수 있다. 자신이 어떠한
사람인가를 재인식해 볼 수 있는 단계이다.

🌱 자기존중 단계

형성된 자아정체감을 바탕으로 하여 자기존중감을 향상시키는 단계로서
특히 구성원들의 강화가 활동의 중심이 된다.

🌱 자아정체감 증진 단계

자기를 개선하고 관리하며 자아정체감 확립을 증진시킨다.

Work Sheet

1. 지금 현재 나의 모습을 알아보자. 나는 어떠한 사람인가?

이름 / 생년월일	
직업	
결혼여부	☐ 미혼 ☐ 기혼
가족사항	
가치관	
나의 건강상태	
보유재산	
다른 사람과의 관계 (가족, 친구, 이성친구, 배우자) 등	
내가 생각하는 나의 성격	
나의 직업 흥미 (어떤 활동을 좋아하는 것, 어떤 일에 즐거움과 만족감을 느끼는 것)	
나의 직업 적성 (어떤 일에 알맞은 성질이나 소질, 현재 잘 할 수 있고 앞으로도 잘 할 수 있는 일)	
현재 내가 해야 할 중요한 일	1. 2. 3.
나의 소망	1. 2. 3.

출처: 기초직업능력 프로그램 재구성.

2. 다른 사람에게 나에 대하여 다음의 질문을 해보고 긍정적인 의견과 부정적인 의견을 작성해보자. 또한 다른 사람이 생각하는 것 외에 자신이 생각하는 나의 특징이나 장단점을 알아보자.

- 저를 평소에 어떻게 생각하십니까?
- 저의 장단점이 무엇이라고 생각합니까?

긍정적인 의견	부정적인 의견
1.	1.
2.	2.
3.	3.
4.	4.
5.	5.

자신이 생각하는 나
1.
2.
3.

인간은 인생의 적 잖은 시간을 직 장에서 보낸다. 진정 보람에 찬 인생을 누리려면 '내 일을 한다.'는 주인의식을 갖는 것이 바람직하다.

시스티나 성당 천장 벽화 – 미켈란젤로

그러기 위해서는 '내적 동기'가 필요하다. 성공하는 사람들은 대체적으로 '내적 동기'를 갖고 있다. 성공해야 하는 분명한 이유나 계기가 있고, 그것들이 더욱 더 열정적으로 일하게 하는 동기이다.

'내적 동기'는 행동 자체에 즐거움을 느끼는데, 강하고 능동적이며 활동 그 자체에서 즐거움으로 보상을 받는다.

심리학에서는 내적 동기로 인해 최선을 다하는 태도를 〈미켈란젤로의 동기〉라고 한다. 미켈란젤로는 르네상스 시대를 이끌어 왔다고 해도 과언이 아니다. 4년 동안 시스티나 성당의 천장화를 그렸는데 천장화의 크기는 가로 13.2m, 세로 41.2m 등장 인물만 300명이 넘는다.

화가 미켈란젤로는 고집이 세고 자신의 작품에 대해 굉장한 자부심을 가졌던 인물이었다. 1508년 교황 율리우스 2세의 명령에 따라 그는 600m² 넓이의 시스티나 성당 천장에 불후의 명작 "천지창조"를 그리게 되었다. 그는 사람들의 성당출입을 막고 4년 동안 성당에 틀어박혀 그림 그리기에만 몰두했다. 어느 날, 작업대에 앉아 고개를 뒤로 젖힌 채 천장 구석구석에 정성스럽게 그림을 그리던 미켈란젤로에게 한 친구가 물었다.

"여보게, 잘 보이지도 않는 구석까지 그렇게 정성을 들여 그림을 그릴 필요가 있나? 그렇게 완벽하게 그려봤자 누가 알겠나?"

그러자 미켈란젤로가 무심하게 한마디 던졌다. "내가 안다네."

이런 내적 동기를 '미켈란젤로 동기'라 부른다. 사람이 외적인 보상만 중시한다면 보상이 사라지는 순간 열정과 흥미도 거품처럼 사라지게 마련이다. 반대로 내적 동기에서 나온 행동은 훨씬 더 강력한 힘을 발휘한다. 그뿐 아니라 성취감 역시 외적인 보상과는 비교할 수 없다. 성공한 사람들 중 미켈란젤로 동기를 가진 사람들이 많은 것은 이 때문이다.

네이버 블로그

2 자기분석

1) 자기분석의 필요성

그리스 철학자 소크라테스는 2천4백여년 전에 '너 자신을 알라.'고 했으며, 중국의 손자 역시 '지피지기(知彼知己)면 백전불태(百戰不殆)'라고 하였다. '지피지기 백전불태(知彼知己 百戰不殆)'는 손자병법 모공 편에 나오는 말로 자신과 상대방의 상황에 대하여 잘 알고 있으면 백번 싸워도 위태로울 것이 없다는 뜻이다. 먼저 "자신을 알아야 성공한다."는 사실이 매우 중요하다. 자신의 과거와 현재를 냉정하게 평가하는 자기분석적 과정을 통하여 성찰하고 보완하여야 미래의 성공을 향해 나아갈 수 있다.

2) 자기분석의 종류

- 과거부터 현재까지 분석   자기경험을 통한 분석
- 자기 캐릭터 분석   각종 직업 심리검사 활용
- 핵심 역량 분석   핵심 역량 리스트 활용
- 전문 지식 분석   분석표 활용
- 학습 스타일 분석   주요 학습 스타일 분석
- 자기 환경 분석   가정, 사회적 요인에 관련한 분석

3) 자기분석 방법

- 자신의 다양한 특성, 성격, 기질, 적성, 취미 등 과거부터 현재까지 분석한다.
- 각종 진로 심리검사 해보기, 주변인에게 물어보기 등을 통해 자기분석을 객관화한다.
- 자신의 미래에 대한 비전을 설정해 본다.

4) 강점 이해하기

강점(Strength)은 '아주 특별한 부분에서 발휘되는 남다른 능력, 개발하면 탁월한 성과를 낼 수 있는 나만의 무기'라고 할 수 있다. 강점이란 남과 비교했을 때 남보다 뛰어난 능력이라기 보다는, 자기가 가진 능력들 중에서 상대적으로 우수한 능력을 말하는 것으로, '비교우위'와 의미가 비슷하며 사람은 누구나 자신만의 '강점'을 가지고 있다고 말할 수 있다. 자신의 강점을 깨닫는 것은 자아존중감과 자신감을 높여주는 것은 물론, 개인의 행복과 성공적인 삶에 영향을 준다. 그렇기 때문에 자신의 강점을 모르고 살아가고 있다는 것은, 인생의 큰 부분을 놓치며 살아가고 있다고 말할 수 있다. 자신의 강점을 이해하고 앞으로 나아가야 할 지표를 얻는 것은 인생에 있어 하나의 이정표를 세우는 것과 같다. 자신에 대한 내면의 깊은 성찰과 통찰의 지혜를 통해 더 많은 영향력을 발휘하는 존재가 될 수 있다. 그러므로 자신의 강점을 이해한다는 것은 자신의 삶을 새롭게 디자인하는 과정이 되기도 한다.

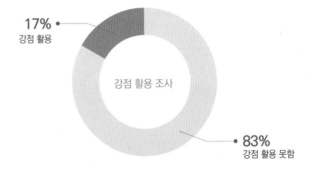

인생의 비극은,
우리가 천재적인 재능을 타고나지 못한 데 있는 것이 아니라 가지고 있는 강점을 충분히 활용하지 못한데 있다.

피터 드러커

누구에게나 자신이 가장 잘 할 수 있는 분야가 따로 있다.

마이너리그에서 한 시즌을 보낸 조던은 시카고 불스로 복귀해 NBA 우승을 3차례나 더 하게 되었다. 그는 과거와는 다른 선수로 변했다. 필 잭슨 감독에 따르면 조던은 은퇴를 선언하기 전보다 더 경기를 잘 풀어나갔고, 경기에 더 많은 열정을 쏟았으며, 본인의 재능을 더 잘 통제했고, 무엇보다도 팀 동료들과 더 잘 융화되었다고 한다. 농구 코트를 떠나 있던 시간은 그에게 그의 실험이 의미 없는 것이 아니라는 걸 가르쳤던 것이다. 마이너리그 야구팀인 버킹엄 배런스에서 선수 생활을 하는 동안 조던은 자신이 가진 강점의 능력치와 한계에 대해 더 많은 걸 배웠다.

사람마다 성격도 용모도 다르듯이 강점을 지닌 분야도 다르다. 내가 어느 분야에 가장 큰 강점을 갖고 있는지 찾는 것은 그래서 중요하다. "우리들 각자는 지속적으로 두각을 드러낼 특별한 분야를 가지고 있다. 그 분야에서는 다른 1만 명의 사람들보다 더 잘, 그리고 더 빠르게 일을 배운다."고 말한다. 하지만 우리의 강점이 발휘되는 영역에서 조금만 움직여도 우리의 뛰어난 능력은 놀라울 정도로 빨리 평균 수준으로 떨어지게 된다.

세계적인 농구선수 마이클 조던. 그가 프로야구 선수가 되려고 시도했던 적이 있다. 그는 전성기 때 NBA에서 은퇴했고, 농구에서처럼 야구에서도 커다란 성취를 이루려 노력했다. 부친이 갑자기 돌아가시자 조던은 두 사람의 평생 꿈이었던 프로야구 선수가 되기로 결심했다.

조던은 마이너리그에 진출했고 첫 해 2할 2리의 타율을 기록했다. 그는 농구 선수 시절과 마찬가지의 특유의 성실함으로 노력했고, 1년 만에 타율을 2할 5푼 2리로 끌어올렸다. 당시 그의 매니저는 조던이 조금만 더 애썼다면 메이저리그에도 진출할 수 있었을 것이라고 말했지만, 그래도 평범한 선수에 머물렀을 것이라고도 했다. 그 이후 조던은 다시 우리가 알던 조던이었고 시카고 불스로 복귀했고 NBA 우승을 3번이나 더 차지했다.

물론 조던의 마이너리그 시절이 무의미했던 것은 아니었다. 그 경험은 조던이 자신의 재능을 더 잘 통제하게 만들어주었고 팀 동료들과 더 잘 지내도록 해주었다. 사람은 누구에게나 자신이 가장 잘 할 수 있는 분야가 따로 있는 것이다.

출처: 마커스버킹엄, '스탠드아웃' 강점 활용의 기술' 중에서 [예병일의 경제노트]

Work Sheet

나의 강점 찾기 위한 질문

1. 나는 무엇을 할 때 가장 즐겁고 행복한가?

2. 주변의 사람들은 나의 강점을 무엇이라 생각하는가?

3. 지금까지 내가 해본 일 중에 내가 특히 잘했던 일(구체적으로)은 무엇인가?

4. 나는 어떤 순간에, 어떤 일을 할 때 열정적이 되는가?

5. 내 스스로가 자랑스러울 때는 언제인가?

6. 사람들이 나에 대해 주는 피드백 중에 어떤 것들이 가장 마음에 드는가?

5) SWOT 분석을 통한 자기이해

SWOT 분석이란 원래 기업의 내부 환경을 분석하여 강점과 약점을 발견하고, 외부 환경을 분석하여 기회와 위협을 찾아내어 이를 토대로 강점은 극대화하고 약점은 최소화하여 기회는 활용하고 위협은 억제하는 마케팅 전략을 수립하는 것을 말한다.

이때 사용되는 4요소는 S(Strength 강점), W(Weakness 약점), O(Opportunity 기회), T(Threat 위협)이며 앞에 첫 글자를 따서 SWOT이라고 한다.

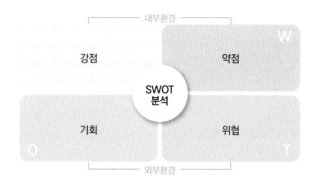

4가지 요소들을 분석하여 각기 다른 4가지 전략들을 만들어 낼 수 있으며, 전략의 특성은 다음과 같다.

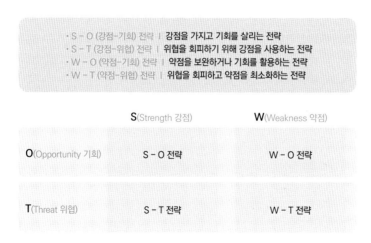

- S－O (강점-기회) 전략 ㅣ 강점을 가지고 기회를 살리는 전략
- S－T (강점-위협) 전략 ㅣ 위협을 회피하기 위해 강점을 사용하는 전략
- W－O (약점-기회) 전략 ㅣ 약점을 보완하거나 기회를 활용하는 전략
- W－T (약점-위협) 전략 ㅣ 위협을 회피하고 약점을 최소화하는 전략

	S(Strength 강점)	W(Weakness 약점)
O(Opportunity 기회)	S－O 전략	W－O 전략
T(Threat 위협)	S－T 전략	W－T 전략

출처: 김대극 외, 미래를 준비하는 자기설계로드맵, 내하출판사

Work Sheet

1. 나의 SWOT 분석 및 전략

예시		나의 SWOT 분석	
강점	• 건강한 체력 • 사고의 폭이 깊고 독창적이다. • 공모전 입상 경력 • 긍정적 사고와 친화력 • 면접 및 인터뷰 능력	강점	
약점	• 작고 비만인 외모 • 부족한 외국어 실력 • 낮은 학점 • 주의가 산만하다.	약점	
기회	• 폭넓은 인맥 • 가까운 도서관 • 다양한 활동 경험	기회	
위협	• 심각한 취업난 • 경제적으로 궁핍 • 먼 통학거리 • 우수한 스펙의 경쟁자들 • 부모님의 병환	위협	

2. 자신에 해당하는 성격, 능력, 적성의 내부적 환경을 분석하여 강점과 약점을 나누어서 작성해보고 자신의 외부적 환경과 상황을 분석하여 기회와 위협요인을 작성한다. 이를 바탕으로 4가지 전략을 수립하여 본다.

SWOT 분석 및 전략 수립	S (Strength 강점)	W (Weakness 약점)
O (Opportunity 기회)	(S-O 전략) 1. 2. 3.	(W-O 전략) 1. 2. 3.
T (Threat 위기, 위협)	(S-T 전략) 1. 2. 3.	(W-T 전략) 1. 2. 3.

3. 요즘 나의 주요 관심사를 적어보자. – 나의 뇌구조

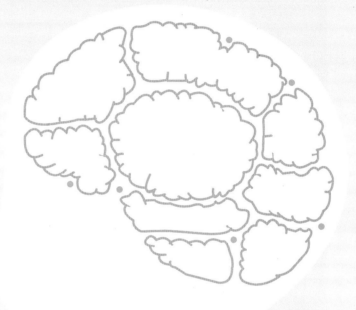

4차 산업시대의
인성과 진로 및 취업

Chapter 02

새로운 미래를
준비하는 4차산업

1 4차 산업혁명이란?

4차 산업혁명이란 새로운 변화의 물결로서 네 번째 산업혁명이며 융합과 네트워크, 물리학, 생물학, 디지털 등 영역 간 경계가 완전히 허물어지는 기술융합과 사람과 사물, 기계와 기계의 연결로 대량의 정보 공유가 가능한 네트워크 시대에 빠른 속도로 우리의 일상을 변화시키고 있다.

4차 산업이란 용어가 처음 사용된 것은 독일이 2010에 발표한 '하이테크 전략 2020'의 10대 프로젝트 중 하나인 인더스트리(Industry) 4.0에서 '제조업과 정보통신의 융합'을 뜻하는 의미로 먼저 사용하였다.

4차 산업혁명은 정보통신기술(ICT)의 융합으로 이루어지는 차세대 산업혁명으로 초연결, 초지능, 초융합으로 나타난다.

세계경제포럼인 2016년 1월에 열린 다보스 포럼에서 4차산업을 화두로 제시하면서 4차 산업혁명을 디지털혁명에 기반하여 물리적 공간, 디지털 공간 및 생물학적 공간의 경계가 희석되는 기술융합의 시대로 정의하였다.

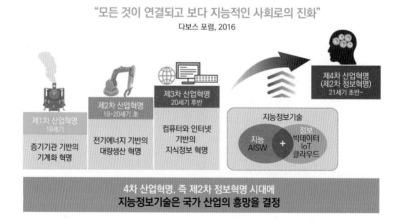

출처: 2016. 2. 세계경제포럼(WEF: World Economic Forum), 다보스 포럼

4차 산업시대의 인성과 진로 및 취업

② 산업혁명의 역사

💡 1차 산업혁명 시대

가장 큰 특징은 기존 경제시스템을 농업 중심의 경제에서 공업 중심의 경제로 전환 시켰다.

💡 2차 산업혁명 시대

에디슨이 개발한 백열등(1879)을 계기로 전기의 시대가 시작되었고 규격화된 대량 생산이 본격적으로 시작되었다.

💡 3차 산업혁명 시대

컴퓨터와 인터넷 기반의 지식 정보 및 자동화 혁명이 시작되었으며 다양한 기술이 융합되고 과학과 기술은 더욱 밀착되었으며 특히 전기와 IT를 결합한 자동화가 본격적으로 시작되었다.

💡 4차 산업혁명 시대

지능 정보기술을 바탕으로 한 새로운 정보혁명이라 할 수 있으며 사물인터넷, 인공지능, 빅테이터 등을 기반으로 물리적 공간과 디지털 공간의 경계를 허물며 초연결 사회로 되었다.

제1차 산업혁명	제2차 산업혁명	제3차 산업혁명	제4차 산업혁명
· 가내 수공업 → 공장제 공업 · 생산 노동의 패러다임 변화 (18세기)	· 전기 동력을 통한 대량 생산 시작 (19~20세기 초)	· 컴퓨터를 통한 자동화 시대 (20세기 후반)	· 핵심기술이 융합으로 탄생한 초연결 사회 (21세기 초반)

③ 4차 산업혁명의 첨단 기술

미래는 이미 와 있다.
단지 널리 퍼져있지 않을 뿐이다.

The future is already here.
It's just not very evenly distributed.

윌리엄 깁슨(William Gibson)

1) 인공지능(Artificial Intelligence, AI)

인공지능(Artificial Intelligence, AI)은 기계를 인간행동과 같이 행동하게 하고 사고하게 만드는 것으로 인간의 학습능력과 추론능력, 문제해결 능력이나 언어의 이해능력 등을 컴퓨터 프로그램으로 실현된 기술이며 로봇이 인간과 의사소통하며 업무를 연계하는 과정이다.

출처: 구글 인공지능 이미지

인공지능(AI)은 4차 산업혁명의 핵심기술이며 1995년 컴퓨터 과학자 존 맥카시에 의해 처음 사용되었다.

인공지능은 기계로부터 만들어진 지능으로

- 인간처럼 사고하는 시스템,
- 인간처럼 행동하는 시스템,
- 이성적으로 사고하는 시스템,
- 이성적으로 행동하는 시스템이다.

2) 사물인터넷(Internet of Things, IOT)

각종 사물에 센서와 통신 기능을 부착해서 실시간으로 정보를 모은 후에 인터넷을 통해 개별 사물들끼리 정보를 주고받는 기술이다.

무선 통신을 통해 각종 사물을 연결하는 기술이라고 할 수 있다.

3) 빅데이터(Big Data)

빅데이터는 기존 데이터보다 너무 방대하여(수십 테라바이트) 기존의 방법이나 도구로 수집, 저장, 분석 등이 어려운 데이터들을 의미한다.

대용량 데이터를 활용하고 분석하여 가치 있는 정보를 추출하고 생성된 정보를 바탕으로 대응하거나 변화를 예측하기 위한 정보화 기술이다.

빅데이터의 3요소는 크기(Volume), 속도(Velocity), 다양성(Variety)이 있다.

4) 자율주행 자동차(Autonomous Vehicles)

운전자 없이 무인 자동차로 IT 기기로 도로를 달리는 자동차로서 여러 가지 센서(레이더, GPS, 카메라)등을 통해 주위의 환경을 인식하고 장애물을 피하면서 목적지를 지정해서 자율적으로 주행하는 자동차이다.

5) 가상현실(Virtual Reality, VR)

현실의 특정한 환경이나 상황을 컴퓨터를 통해 그대로 모방하여 사용자가 마치 실제 주변 상황, 환경과 상호작용을 하고 있는 것처럼 만드는 기술이다. 가상현실은 사용자를 현실을 그대로 모방 재현한 환경에 몰입할 수 있도록 하는데, 실제와 비슷하지만 실제가 아닌 가상의 환경이나 상황 등은 사용자의 오감을 자극하며 실제와 유사한 공간적, 시간적 체험을 하게 함으로써 현실과 상상의 경계를 자유롭게 이동한다.

사용자 준비물은 고글, 헤드셋, 장갑, 특수복 등 정보를 주고받을 수 있는 장비를 착용하고 컴퓨터가 만들어낸 환경을 접하게 된다.

6) 증강현실(Augmented Reality, AR)

증강현실은 가상현실의 한 분야로서 실제 환경에 가상 사물이나 정보를 합성하여 원래의 환경에 존재하는 사물처럼 보이도록 하는 컴퓨터그래픽 기법을 말한다. 증강현실은 사용자가 눈으로 보는 현실 세계에 가상 물체를 겹쳐 보여주는 기술인데, 현실 세계에 실시간으로 부가 정보를 갖는 가상세계를 융합해 하나의 영상으로 보여주므로 혼합현실(Mixed Reality, MR)이라고 한다.

7) 3D 프린팅(3D printing)

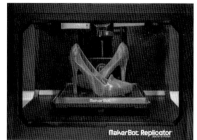

디지털 설계도나 모델을 기반으로 원료를 연속적인 계층의 물질을 뿌리면서 3차원 물체를 출력을 통해 입체적인 물체를 만들어내는 제조 기술이다.

산업 전반에 걸쳐 제조 기술의 다양한 변화를 가져올 것으로 예측된다.

8) 드론(Drone)

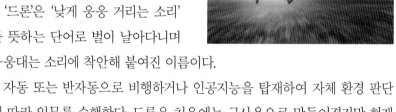

드론은 무인 항공기로 무선 전파에 의해 비행과 조종이 가능한 비행기이나 헬리콥터 모양의 조종사가 탑승하지 않는 항공기다.

'드론'은 '낮게 웅웅 거리는 소리'를 뜻하는 단어로 벌이 날아다니며 웅웅대는 소리에 착안해 붙여진 이름이다.

자동 또는 반자동으로 비행하거나 인공지능을 탑재하여 자체 환경 판단에 따라 임무를 수행한다. 드론은 처음에는 군사용으로 만들어졌지만 현재는 고공 영상, 사진 촬영과 배달, 기상정보 수집, 농약 살포 등 다양한 분야에서 활용되고 있다.

4 '4차 산업혁명' 연상 이미지

4차 산업혁명 이미지를 2020년, 2021년에 살펴보면 2020년에는 인공지능 AI, 데이터, 로봇 등이 다수를 차지하고, 2021년에는 메타버스가 주요 단어로 떠올랐고 플랫폼, 헬스 케어, 경제 등 다양하게 나타났다.

'4차 산업혁명'하면
떠오르는 연상 이미지
DNA

2020년 2021년

출처: 4차 산업혁명 위원회

5 인공지능(AI)의 역사

인공지능이 2016년 이후
급격한 성장(Exponential Growth)

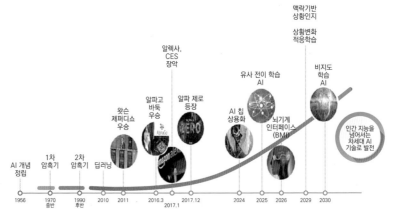

출처: 과학기술정보통신부 Webzine, 2018.

사례   CES 2022에서 볼 수 있는 '올해 기술 트렌드'

　지금까지 위기는 사람들의 기회가 되기도 했다. 코로나 19로 단절된 국경과 관계 속에서 사람들은 긍정적인 변화를 만드는 것을 포기하지 않았다. 2022년 1월5일~8일까지 라스베이거스에서 개최되는 CES(Consumer Electronics Show, 소비자 가전 전시회) 2022는 이러한 혁신을 한 자리에서 볼 수 있는 장소다. 코로나 19로 인해 지난해엔 온라인으로만 진행됐지만, 올해부턴 온라인과 오프라인 병행으로 개최되면서 많은 기업이 온라인 전시관 및 발표 행사, 오프라인 전시관 등의 형태로 CES 2022에 참가했다. CES를 주관하는 미국 소비자 기술협회(CTA)는 행사마다 한 해의 기술 트렌드를 짚어보는 '테크 트렌드 투 와치' 설명회를 개최한다.

　스티브 코닝(Steve Koenig) CTA 부사장이 설명회에서 CES 2022에서 주목해야 할 기술을 소개했다. 코닝 부회장은 "세계적으로 '기술(여기선 소프트웨어와 하드웨어 모두 지칭)'에 대한 소비자들의 수요가 크게 증가했다. 코로나 19 이후로 수요의 성장세가 주춤할 거란 예측이 나오지만, 소비자 수요는 앞으로도 성장할 것이고, 여전히 탄탄할 것이다"라고 말했다. 코닝 부회장은 그 이유를 세가지로 설명했다.

스티브 코닝(Steve Koenig) CTA 부사장

　첫째, 사람들은 좀 더 편하고, 스마트한 방식으로 살길 바란다.

　2020년과 2021년 사이 가정 내 점유율이 빠르게 늘어난 제품을 보면, 스마트 가구, 스마트 도어벨, 스마트 전구처럼 IoT가 결합돼 원격조정과 자동화 등이 가능한 스마트한 제품이 많았다. 이러한 편리함 외에도 스마트한 제품은 데이터수집 및 분석을 맞춤형 서비스를 제공하기 때문에 선호도가 높았다.

　둘째, 사람들은 특별한 경험을 원한다.

　프리미엄 브랜드와 일반 브랜드를 비교했을 때, 프리미엄 브랜드가 소비자 지출의 성장 속도 면에서 앞서고 있음을 알 수 있다. 색다른 경험을 제공하는 프리미엄 브랜드를 선택하는 사람이 늘어난 것이다.

셋째, 사람들에게 즐거움을 주거나, 유익한 서비스가 중요해졌다.

디즈니 플러스와 넷플릭스 등의 OTT 서비스는 코로나 19 이후로 빠르게 성장한 대표적인 서비스다.

OTT 서비스의 오리지널 콘텐츠처럼, 서비스는 특별한 경험을 제공한다.

2022년 대표 기술 트랜드는 '고도화된 연결'이다.

첫째, 클라우드와 데이터센터 중요성

많은 기업과 조직이 비즈니스에 IT기술을 활용해 효율성을 높이는 '디지털 전환'을 겪으면서, 클라우드와 데이터 센터의 중요성이 커졌다.

'고속, 저 지연, 대용량' 특성을 가진 5세대 이동통신(5G)은 IoT 기기 등에서 클라우드로 전달하는 대량의 데이터를 연결하는 핵심기술이다. 코닝 부회장은 "5G는 앞으로도 B2C 보다 B2B 영역에서 더 많은 성장을 할 것으로 보인다."고 말했다.

둘째, AI 성능의 향상

성능이 빠르게 향상되고 있으며, 활용 분야도 늘고 있는 AI도 중요한 트렌드다. 텍스트의 정보를 분류하고 이해하며, 텍스트를 직접 생성하는 자연어 처리의 발전은 인간과 AI의 소통을 원활하게 만들 것이며, 데이터 분석 능력도 크게 개선할 것이다.

(라스베이거스(미국)=뉴스1) 조태형 기자
정의선 현대자동차그룹 회장이 세계 최대 전자·가전·정보기술(IT) 전시회인 CES 2022 개막을 하루 앞둔 4일(현지시간) 미국 네바다주 라스베이거스 만달레이 베이에서 열린 현대자동차 프레스 컨퍼런스에 참석해 보스턴 다이내믹스의 4족 보행 로봇 '스팟'과 함께 연단에 오르고 있다. 2022.1.5./뉴스1

(라스베이거스(미국)=뉴스1) 조태형 기자
정의선 현대자동차그룹 회장이 세계 최대 전자·가전·정보기술(IT) 전시회인 CES 2022 개막을 하루 앞둔 4일(현지시간) 미국 네바다주 라스베이거스 만달레이 베이에서 열린 현대자동차 프레스 컨퍼런스 후 마크 레이버트 보스턴 다이내믹스 창업자 겸 회장과 주먹으로 인사하고 있다. 2022.1.5/뉴스1

셋째, 디지털 헬스

코로나19 이후로 빠르게 도입되고 있는 원격진료는 다양한 센서와 웨어러블 제품을 통해서 의사에게 신체 데이터를 실시간으로 제공할 수 있다. 사회적 거리 두기 등으로 집에 머무는 시간이 늘어나면서, 우울증 환자도 늘고 있는데 정신건강과 스트레스를 디지털로 관리하는 솔루션도 가능하다. 혈당 관리센서 '프리스타일 리브레'가 개발이 되었으며, 경도 인지장애나 치매 환자가 일상에서 인지훈련을 하게끔 돕는 디지털 치매치료제를 개발했다.

Digital Health Empowers Consumers

Telemedicine & RPM	Connected Devices	Wearables
Essence VitalOn	Abbott Freestyle Libre 3	Withings FDA-Approved Smartwatch

- 손목시계 형태의 웨어러블 기기 증가
- 우울증 관리하는 정신건강 서비스
- 원격 헬스케어 서비스: 당뇨병 등 만성질환자 관리 등

넷째, 모빌리티

새로운 운송수단의 시대
Future of Mobility_Smart & Electric

Electric Vehicles	Smart Mobility	21st Century Logistics	Next Mile Solutions	Urban Air Mobility
Vinfast EVs	Luminar LiDAR	TuSimple Self-Driving Freight Trucks	CES eMobility Experience	ASKA eVTOL 3.0

자율주행의 핵심 부품이자 감지 센서로 특정 물체와의 거리를 측정하는 '라이다' 센서가 혁신을 통해서 비용이 낮아졌으며, 인식률도 개선됐다. 코닝 부회장은 "자율주행은 인력 부족 문제로 발생하는 지금과 같은 물류대란을 해결할 수 있으며, 상품이 소비자에게 전달되는 마지막 구간인 라스트마일에서도 유용하다"고 말했다. "UAM(도심 항공교통)과 전기차 역시 모빌리티라는 우산 속에서 중요한 개념이다."라고 말했다.

다섯째, 메타버스

코닝 부회장은 '메타버스가 우리 곁에 있다고 생각하나?'라는 질문을 던지며, "메타버스는 당신이 생각하는 것보다 더 가까이에 와 있다"라고 했다. 클라우드와 5G, 그리고 여러대의 카메라로 대상의 움직임을 촬영해 360도 입체영상으로 만드는 볼류메트릭(Volumetric) 등 메타버스를 위한 기술적인 준비가

완료되고 있다는 뜻이다. 메타버스 속에서 현실과 유사한 콘텐츠를 접하며 사람들은 몰입도 높은 디지털 경험을 할 수 있다. 지금도 게임, 소셜 분야 등 다양한 영역에서 메타버스를 통한 실험을 진행 중인데, VR 기술이 발전하면서 화상 회의, 화상 트레이닝 등의 다양한 활용이 가능할 것이다.

출처: 사용자 중심의 IT저널- IT동아(it.donga.com),
글/ IT동아 정연호(hoho@itdonga.com)재정리

02 4차 산업혁명 시대 인재상 및 유망직종

앞으로 10년 후 미래사회는 어떻게 변화될까? 세상은 너무나 빠르게 변화하고 있고 코로나 19로 인하여 그 속도는 더 빨라졌고 급변하는 세상 속에 미래를 어떻게 준비해야 할지 미래사회에서는 어떤 직업이 유망 직업으로 떠오를지 살펴보자.

1 4차 산업을 이끌어갈 바람직한 미래 인재상

1) 미래 인재상

❶ 창의적이고 융합적인 인재

정보통신기술의 발달에 따라 지식이 자유롭게 유통되므로 전통적 사고 방식과 관습으로부터 획일화된 지식이나 기술을 전달받는 기능적 인재가 아닌 실패를 삶의 일부로 받아들이고, 미래의 불확실성과 삶의 혼란을 적극적으로 헤쳐나갈 창의적인 인재가 필요해지고 있다.

🌱 융합적 사고란?

서로 다른 것들을 합쳐서 새롭고 가치 있는 것을 만들어내는 사람의 능력을 의미하며 기존 기술의 한계를 극복하기 위한 과학기술, 인문사회기술, 디자인, 문화예술 등의 "intersectional research"를 수행하여, 그 목표는

인간이 구성하고 있는 사회의 문제를 발굴, 해결하고 궁극적으로는 인간의 가치를 드높이는 것을 추구하는 사고방식이며 융합적 사고를 통하여, 융합의 뿌리인 창의와 다양성을 길러 나가는 것이다.

창의융합형 인재라는 용어의 정의는 "인문학적 상상력과 과학기술 창조력을 갖추고 바른 인성을 겸비하여 새로운 지식을 창조하고 다양한 지식을 융합하여 새로운 가치를 창출할 수 있는 사람"이다(교육부).

❷ 4차 산업혁명 시대 최고의 실력은 인성이므로 올바른 인성을 가진 인재

❸ 비판적 사고를 갖춘 인재

❹ 협업능력이 가능한 인재

❺ 의사소통능력을 잘할 수 있는 인재

❻ 컴퓨터를 조작하여 원하는 작업을 실행하고 필요한 정보를 얻을 수 있는 지식과 능력을 갖춘 인재

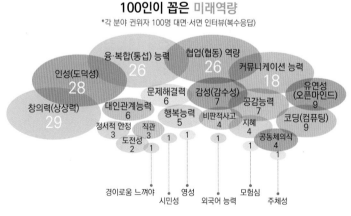

100인이 꼽은 미래역량
*각 분야 권위자 100명 대면·서면 인터뷰(복수응답)

출처: 다빈치와 스티브잡스, 창의성 비밀은?, 중앙일보(2018.1.27)

2) AI 기반 교육위원회가 제안하는 미래 인재 역량

출처: 인공지능기반교육 가이드북(부산광역시 교육청)

'4차 산업혁명 시대에 바람직한 인재상'에 대해서 서울대학교에서 개최된 2022. 03. 24일 제17회 KASSE 포럼에서 현재의 과학기술시대 상황과 우리가 현재 직면하고 있는 4차 산업혁명 시대에 인재상에 대해서 논의한 내용은 전문지식을 갖춘 인재를 요구하리라고 생각하지만 의외로 첫 번째로 인성의 중요성을 강조하였고, 두 번째로 창의성 고취를 위한 교육 방향에 대한 비전을 제시하였다.

지금까지 세계 역사를 이끌어 온 것은 과학기술이 국가경쟁력과 경제력의 원천이 되었고, 과학기술력이 강한 나라가 강대국이 되어 세계 역사를 이끌어 왔다. 현재 우리가 직면하고 있는 4차 산업혁명 시대에 차세대 인재들이 갖추어야 할 인재상을 살펴보면서 세계 각 분야에서 학계와 산업계에서 어떤 점에 중점을 두고 인재를 확보하려고 하는지를 살펴보아야 한다.

3) 미래 주도기업과 인재상

🏆 표 2-1_ 4차 산업혁명과 인성기반 인재상

구분	내용
구글	• 직원 선발 방향: 품성 중시 '영리하기만 한 게 아니라 겸손하고 성실한 지원자 선발' • 요구 인재상 스펙보다 인성 바른 인재 1순위) • 검증된 리더십(Leadership), 강력한 업무능력 (Role-Related | Knowledge), 창의적 사고(Gener al cognitive ability), 능동적인 협업 능력(Google yness) • 매년 300만 명 지원 0.23% 채용 : 매번 다른 질문과 평가로 질문자를 심사
페이스북	• 오픈된 사무실, 수평적 커뮤니케이션 • 스타플레이어가 아닌 코치 역할 • 수평적 권한 배분, 팀 단위 책임 프로젝트 • 직원들 간의 협업을 이끌어 나감 • Zuckerberg(CEO): 자신 재산 99% 사회 환원 선언
다보스포럼	• 미래사회 인재 핵심역량 5가지 중 2개 역량 : 인성(협업, 커뮤니케이션) 선정
필립스 엑시터 아카데미 (Zuckerberg 졸업 고등학교)	• 학교 철학: "지식이 없는 선함은 약하고 선하지 않은 지식은 위험하다" • 교내 곳곳에 써 놓은 다수의 문구: 'Non Sibi sed Omnibus(자신만을 위하지 않는)' • 수업과 생활의 기저: 인성교육 • 교육에 대한 정의: '남에게서 뭔가를 배우는 게 아니라 지식을 함께 나누며 지혜를 키우는 것'
종합	• 똑똑하거나 스펙보다 공감과 매너 등 인성역량 중시 • 사람과 협업하고 팀 단위 책임 있는 시너지 효과 • 바른 인성: 상대에 대한 존중, 배려, 공감능력, 이타적, 도덕적 판단, 다양한 가치·문화 조화능력 필요

출처:인성과 리더십, 구자억 외, 양서원, 2020

② 미래 시대 발전할 기술 및 유망직종

1) 미래 시대 발전할 기술

미래 시대 발전할 기술을 미리 살펴본다면 그 발전할 기술에 맞는 유망직업을 알 수가 있다. 미래에 발전할 기술은 인공지능(AI), 빅데이터, 블록체인, 데이터 사이언스, 바이오 관련 기술, 클라우드 컴퓨팅, 모든 기기의 컴퓨터화, 나노기술, 로봇, 사물인터넷, 소프트웨어 관련 기술, 공유기술 등의 발전을 예상할 수 있다.

2) 미래 유망 직업

❶ 인공지능 관련

인공지능전문가, 기술 윤리 변호사, 가상현실 공간 디자이너, 인공지능 건강관리 전문 코치, 인공지능 원격진료 코디네이터, 오감 제어 전문가, 예측수리 인증 엔지니어, 인공지능 서비스기획자, 인공지능 설계 엔지니어, 시각인식 전문가, 뇌과학자, 인공지능기술 기획 전문가, 인공지능 보안전문가, 인공지능 큐레이터, 날씨 조절 관리자 등

❷ 빅데이터 관련

빅데이터 전문가, 빅데이터 분석가, 공간 빅데이터 전문가 등

❸ 블록체인 관련

블록체인 전문가, 블록체인 기획관리자, 블록체인 개발자, 블록체인 품질엔지니어, 고령자 전문 금융 서비스 전문가, 소셜미디어 분석가 등

❹ 사물인터넷 & 자율주행차 관련

사물인터넷 개발자, 사물인터넷 전문가, 사물인터넷 기획자, 사물인터넷 보안전문가, 데이터분석 전문가, 스마트 의료 개발자, 자율주행 전문가, 자율주행차 엔지니어 등

❺ 로봇 관련

로봇 기술자, 로봇 전문영업원, 드론 조종사, 로봇 교재개발자, 로봇 강사, 로봇 임대인, 로봇 공연 기획자, 드론 조정 스포츠 등

❻ 클라우드 & 3D 프린팅 관련

클라우드 시스템 엔지니어, 3D 프린팅 전문가, 3D 프린팅 소재 개발자, 맞춤형 개인 소품 제작자, 인공 장기 제작자, 프린팅 저작권 인증 및 거래사 등

❼ 바이오 관련

신약 개발 연구원, 종 복원 전문가, 인공광합성 전문가, 휴먼 마이크로바이옴 전문가, 세포검사 기사, 신약 개발자, 면역세포 치료 전문가, 암 진단 전문가 등

❽ 나노기술 관련

나노섬유 의류전문가, 나노 공학자, 나노 의사, 나노 바이오 연구원 등

지금까지 발전할 기술 유형별로 미래 유망 직업을 간단하게 분류해보았다. 로봇이 발달해도 로봇이 인간 위에 있을 수는 없을 것이다. 인간이 단순 노동에 쏟았던 시간을 줄여주고 대신해 줄 뿐, 인간 고유의 영역은 로봇도 건드리지 못할 것이라고 생각한다. 그렇다고 하더라도 이런 로봇과 우리 인간이 잘 협업을 하려면 다가올 미래에 대하여 준비하고 공부해야 할 것이다.

표 2-2_ 정부가 육성. 지원하는 유망 신직업

미래 유망 직업 분류	내 용
1. 인공지능 관련 직업	인공지능전문가, 기술 윤리 변호사, 가상현실 공간 디자이너, 인공지능 건강관리 전문 코치, 인공지능 원격진료 코디네이터, 오감 제어 전문가, 예측 수리 인증 엔지니어, 인공지능 서비스기획자, 인공지능 설계 엔지니어, 시각 인식 전문가, 뇌과학자, 인공지능기술 기획 전문가, 인공지능 보안전문가, 인공지능 큐레이터, 날씨조절 관리자 등
2. 빅데이터 관련 직업	빅데이터 전문가, 빅데이터 분석가, 공간 빅데이터 전문가 등
3. 블록체인 관련 직업	블록체인 전문가, 블록체인 기획관리자, 블록체인 개발자, 블록체인 품질 엔지니어, 고령자 전문 금융 서비스 전문가, 소셜미디어 분석가 등
4. 사물인터넷 관련 직업	사물인터넷 개발자, 사물인터넷 전문가, 사물인터넷 기획자, 사물인터넷 보안전문가, 데이터 분석 전문가, 스마트 의료 개발자
5. 자율주행 자동차 관련 직업	자율주행 전문가, 자율주행차 엔지니어 등
6. 로봇, 드론 관련 직업	로봇 기술자, 로봇 전문영업원, 로봇 교재개발자, 로봇 강사, 로봇 임대인, 로봇 공연 기획자, 드론 조종사, 드론 조정 스포츠 등

미래 유망 직업 분류	내용
7. 클라우드& 3D 프린팅 관련 직업	클라우드 시스템 엔지니어, 3D 프린팅 전문가, 3D 프린팅 소재 개발자, 맞춤형 개인 소품 제작자, 인공 장기 제작자, 프린팅 저작권 인증 및 거래사 등
8. 바이오 관련 직업	신약 개발 연구원, 종 복원 전문가, 인공광합성 전문가, 휴먼 마이크로바이옴 전 문가, 세포검사 기사, 신약 개발자, 면역세포 치료 전문가, 암 진단 전문가 등
9. 나노기술 관련 직업	나노섬유 의류전문가, 나노 공학자, 나노 의사, 나노 바이오 연구원 등

출처: 관계부처 합동(2020. 미래산업 직업구조 대비 신직업 활성화 방안

🌱 디지털 혁신

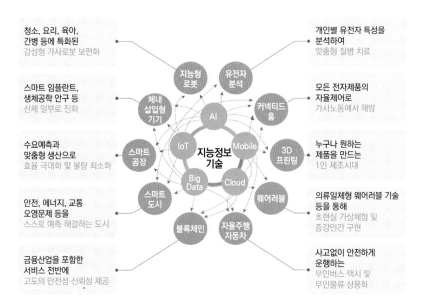

청소, 요리, 육아,
간병 등에 특화된
감성형 가사로봇 보편화

스마트 임플란트,
생체공학 안구 등
신체 일부로 진화

수요예측과
맞춤형 생산으로
효율 극대화 및 불량 최소화

안전, 에너지, 교통
오염문제 등을
스스로 예측·해결하는 도시

금융산업을 포함한
서비스 전반에
고도의 안전성·신뢰성 제공

개인별 유전자 특성을
분석하여
맞춤형 질병 치료

모든 전자제품의
자율제어로
가사노동에서 해방

누구나 원하는
제품을 만드는
1인 제조시대

의류일체형 웨어러블 기술
등을 통해
초현실 가상체험 및
증강인간 구현

사고없이 안전하게
운행하는
무인버스·택시 및
무인물류 상용화

출처: 과학기술정보통신부(2017).

Chapter 03

대학생활의
학습법

01 자기주도 학습 및 학습전략

1 대학에서의 학습전략

1) 강의 듣기와 학습전략

대학에서의 강의 듣기는 중, 고등학교 시절과 많이 다르다. 가장 큰 차이점은 수강태도가 능동적인가 수동적인가에 따라 성과가 달라진다. 그동안의 중, 고등 학교 수업은 교육여건상 대부분이 수동적인 수강태도였다. 수업에 적극 참여하면서 질문을 하고 싶어도 다른 사람에게 피해가 갈까봐 참는 경우가 있었는데 대학에서의 수업은 좀 더 능동적이고, 다양하고, 창의적인 과정을 중시하며 수업에 대한 준비와 적극적인 참여가 요구된다. 결석이 잦다거나 적극적인 학습태도로 임하지 않은 결과로 낮은 학점으로 인한 수업포기나 취업에 지장을 줄 수 있는 성적 부진으로 인해 실패를 겪지 않기 위해 좀 더 체계적이며 실천할 수 있는 학습전략이 필요하다.

2) 강의 요약 및 필기

강의 시간에 배운 중요한 학습 내용을 요약하는 것은 복습 및 시험을 대비하는 중요한 학습과정이다. 강의 정리는 강의 시간에는 가능하면 강의에 집중하고 필기는 그때그때 간단히 메모하는 것이 효과적이며 강의시간 외에 요약 정리하는 것이 훨씬 더 효율적이다.

3) 조별 수업 및 발표

대학에서의 강의는 수업 형태에 따라서 그룹 과제 및 발표가 있다. 팀별 과제에서는 팀워크가 가장 중요한데 서로 배려하며 자신의 몫을 잘 해결할 수 있는 문제해결능력이 있어야 한다. 팀별 과제의 효과는 혼자 하는 것보

4차 산업시대의 인성과 진로 및 취업

다 더 효율적이고 유익한 과정임을 잘 인지하고 수행해야 한다.

팀별 과제의 발표자는 개인이 될 수도 있고 분담해서 나누어 발표할 경우 여러 번 연습하여 내용을 완전히 숙지하고 자신감을 가지고 목소리의 크기, 발음, 말의 속도 등을 피드백을 받거나 동영상을 찍어 자가 수정을 하는 것도 팀별 과제를 잘 수행하는 방법이다.

4) 시험 준비

졸업 후의 진로, 장학금과 같은 대학에서의 다양한 혜택 등 대학에서의 학점 관리는 매우 중요한 요소이다.

Work Sheet

나의 학습 환경 점검

내가 집중해서 학습하는데 어려움을 겪고 있다면 원인을 살펴보고 이를 개선할 수 있는 방법을 생각해보자.

1. 집중해서 학습하는데 어려운 이유

❶

❷

❸

2. 내가 생각하는 개선 방안

❶

❷

❸

3. 나에게 맞는 학습 환경을 조성하기 위한 나와의 약속

❶

❷

❸

4차 산업시대의 인성과 진로 및 취업

2 자기주도 학습

1) 자기주도 학습의 정의

자기주도 학습(自己主導學習) (Self-Directed Learning)은 학습자 스스로 학습목표를 설정하고 학습과정 및 전략, 학습자원을 결정하여 학습을 수행하고 학습결과를 스스로 평가하는 일련의 학습과정을 말한다. 이는 쉽게 세 단어로 이해할 수 있다. 즉, Plan(계획), Do(실행), See(평가)이다. 'Plan-Do-See'는 경영학에서 다루는 내용으로서 효과적인 관리를 위한 핵심이다.

국내외 리더들과 기업, 가정, 학교, 개인, 모두에게 적용되며, 학습에 적용하면 학습경영 또는 자기주도 학습이 되는 것이다. 즉, 학습할 때 계획을 잘 세우고 계획에 따라 공부하며, 공부한 내용을 스스로 평가하는 것이 자기주도 학습이다. 자기주도 학습 단계를 4단계로 구분하면 다음과 같다.

2) 자기주도 학습 4단계

표 3-1_ 자기주도 학습단계

	학습자 태도	내 용
1단계	의존적임	학습에 마음이 없고 학습방법도 모르며 과제, 시험이 있어도 관심이 없는 학습단계
2단계	흥미 있음	마음먹고 하면 잘 할 수 있지만 학습하는 것이 싫어서 부여된 과제만 대충하고 학습계획을 세워도 작심 3일로 끝나는 학습단계
3단계	열심히 함	학습할 마음은 있지만 학습방법을 잘 몰라서 과제만 겨우 하는 학습단계
4단계	자기 주도적임	스스로 학습하는 습관이 되어 있어 과제 외에도 스스로 필요한 과제를 찾아서 학습하는 단계

Work Sheet

자기주도 학습 검사

내 용	전혀 그렇지 않다 1	대체로 그렇지 않다 2	보통 이다 3	대체로 그렇다 4	매우 그렇다 5
1. 나는 새로운 사실을 학습하기 위해 도전을 필요로 하는 수업을 좋아한다.					
2. 나는 지금 수업에서 배우고 있는 내용을 좋아한다.					
3. 비록 강의가 어렵다 하더라도 내가 듣고 싶은 내용 이라면 기꺼이 선택한다.					
4. 수업내용이 나에게 중요하기에 공부한다.					
5. 나는 흥미 없는 과목이라도 좋은 성적을 얻기 위 해 공부한다.					
6. 나는 취업 기회를 넓히기 위해 공부한다.					
7. 나는 경제적 안정을 위해 공부한다.					
8. 나는 대부분의 수업에서 잘 하는 편이다.					
9. 나는 강의의 내용들이 어렵더라도 잘 이해할 수 있 다고 확신한다.					
10. 꿈을 이루기 위해 준비과정을 충분히 이해하고 실 습할 수 있다고 생각한다.					
11. 이번 학기 좋은 성적을 받을 것이라고 생각한다.					
12. 지금 듣는 수업 내용을 다른 학생들보다 많이 알고 있다고 생각한다.					
13. 꿈을 향한 용기와 도전을 가지고 있다고 생각한다.					

내 용	전혀 그렇지 않다 1	대체로 그렇지 않다 2	보통 이다 3	대체로 그렇다 4	매우 그렇다 5
14. 학과 공부를 잘 할 수 있는 나의 능력에 만족한다.					
15. 마음만 먹으면 좋은 성적을 받을 수 있다.					
16. 나는 수업시간에 배운 내용 중 가능한 많은 내용을 외우려고 애쓴다.					
17. 공부할 때 교재나 노트에 필기한 내용을 다시 적어 본다.					
18. 어떤 주제에 대해 공부를 할 때 학습내용과 내 생각을 함께 정리한다.					
19. 학습 내용을 조직하고 요약할 때 간단한 도표나 그림을 만들어 본다.					
20. 수업 중 칠판에 적혀 있는 것 또는 교수님 목소리의 억양 등과 같은 단서를 활용하여 중요한 내용을 파악한다.					
21. 시험공부를 할 때 공부한 내용을 가끔 친구들에게 설명해 보곤 한다.					
22. 학습 내용이 이해되지 않을 때, 교수님이나 다른 학생에게 도움을 청한다.					
23. 새로운 내용을 공부하기 전에 그것이 어떻게 조직되어 있는지 확인한다.					
24. 공부하기 전에 어떻게 공부할 것인지 생각해 본다.					
25. 문제를 풀 때 처음 선택한 방법으로 해결하지 못하면 다른 방법을 찾아본다.					
26. 공부할 때 기존에 알고 있는 것과 새로운 내용을 연결시키려고 노력한다.					

내 용	전혀 그렇지 않다 1	대체로 그렇지 않다 2	보통 이다 3	대체로 그렇다 4	매우 그렇다 5
27. 수업 중 필기를 하다가 혼동이 생기면 수업이 끝난 후 나름대로 다시 정리한다.					
28. 다른 사람보다 잘 하려는 생각을 가질 때 공부가 더 잘 된다.					
29. 나는 다른 사람들과 함께 일하는 것을 좋아하지 않는다.					
30. 집단으로 공부하는 것이 나중에 사람들과 협력하는 데 도움이 된다.					
31. 혼자 하는 것보다 그룹으로 학습과제를 수행할 때 학습에 대한 책임감을 더 느낀다.					
32. 그룹으로 학습과제를 수행하다보면 다른 사람들의 학습방법을 배우게 된다.					
33. 여러 사람이 함께 협력하면 과제를 빨리 끝낼 수 있다고 생각한다.					
합 계					

점수가 높을수록 자기주도 학습이 잘 되어 있다.

출처: 대학생활설계(김모곤 외), 재구성

시냅스와 정보전달

　인간의 뇌에는 뉴런이라는 특별한 신경세포들이 서로 인접해 있어 신호를 주고받는다. 우리가 감각기관을 통해 정보를 받아들이게 되면, 뇌를 구성하는 무수하게 많은 뉴런이 서로 신호를 전달하여 정보를 처리한다. 누구나 생소한 내용을 배울 때는 느리다. 그러다가 그 내용을 다시 들여다보고, 그 다음 주에 또 보게 되면 조금씩 익숙해진다. 익숙해진다는 것은 '그 정보가 무엇이다'를 파악하기가 쉬워졌다는 것을 말한다. 즉, 정보를 처리하는 데 관여한 뉴런들이 서로 단단하게 연결되어, 정보를 효율적으로 처리하게 되는 것이다.

　뇌에는 수천억 개의 신경세포 뉴런이 존재하며 1개의 신경세포는 수천 개의 다른 신경세포와 신호를 주고받는 '시냅스'를 통해 연결되어 네트워크를 형성하게 되고 그 네트워크가 곧 기억이 되는 것이다. 반복적으로 시냅스에 자극을 주면 신경세포에 새로운 시냅스가 생기는데 이러한 현상을 '학습'이라고 한다. 학습은 새로운 사실을 기억하는 과정이고 동시에 뇌가 물리적으로 바뀌는 과정이다. 반면 반복하지 않아도 정보가 장기적으로 저장될 때는 감동적 감정을 불러일으키는 경험을 했을 때다. 감동을 받게 되면 경험하게 되는 순간에 사진을 찍듯이 그 장면 그대로 기억할 수 있다. 학습할 정보를 정서적 느낌으로 인식하면 의미가 오래 기억되는 것이다.

출처: 심리학의 이해

3) 좌뇌와 우뇌의 구조를 이용하여 기억의 오류 제거하기

❶ 인간의 뇌

🌳 학문적인 활동을 지배하는 좌뇌　언어, 논리, 숫자, 논리적 사고

🌳 예술적인 활동을 지배하는 우뇌　리듬, 공간감각, 음악, 그림, 상상력, 색감

❷ 기억의 종류

🌳 장기기억　용량이 큼, 의도적으로 기억, 기억한 내용이 기존 지식과 결합하여 조직화될 때 더 잘 기억됨.
이해를 동반한 지식은 더 쉽게 장기기억 속에 저장됨.

🌳 단기기억　용량이 매우 한정적, 불과 20초, 어떤 조치를 취하지 않으면 쉽게 사라짐.

❸ 에빙하우스(Ebbinghaus, Hermann)의 망각곡선

에빙하우스의 망각곡선은 독일의 심리학자인 헤르만 에빙하우스의 이론으로, 사람의 기억은 학습 후 10분이 지나면 망각이 시작되어 1시간이 지나면 대부분의 경우 학습한 정보의 50% 가량을 망각하게 되고, 하루 뒤에는 70% 가량을, 한 달 후에는 80% 이상을 잊게 된다고 한다. 이에 에빙하우스는 이러한 망각으로부터 기억을 오랫동안 지속시키기 위한 가장 효과적인 방법은 복습이며, 복습 시 가장 중요한 것은 '복습주기'로, 최초 학습 후 10분 뒤에 복습을 하면 하루 동안 기억이 유지되며, 하루 뒤에 다시 복습을 해주면 일주일, 또 일주일 뒤에 재차 복습을 하면 한 달간 기억이 유지된다고 한다.

또 이 상태에서 한 달 후 해당 내용을 다시 복습을 하게 되면 6개월 이상 기억이 유지되는 장기기억으로 전환된다.

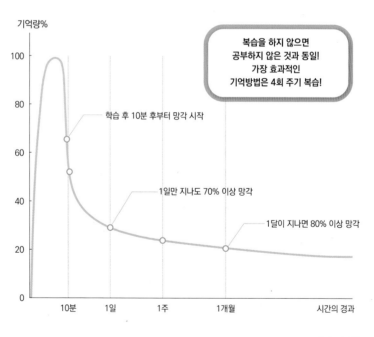

출처: 다세움 목연회

④ 에빙하우스의 망각곡선에 따른 복습주기

💡 최초의 복습은 1시간 학습 후 10분 뒤에 10분 동안

하루 동안 기억이 지속된다.

💡 두 번째 복습은 24시간 후 2 ~ 4분 동안

일주일 동안 기억이 지속된다.

💡 세 번째 복습은 두 번째 복습 후 일주일 뒤에 2분 동안

한 달 동안 기억이 지속된다.

💡 네 번째 복습은 세 번째 복습 후 한 달 뒤에

6개월 이상 기억되는 장기기억 상태가 된다.

💡 이후에는 몇 개월에 한 번만 봐도 기억이 계속 유지된다.

$$망각률(\%) = \frac{(처음\ 학습에\ 소요된\ 시간\ -\ 복습에\ 소요된\ 시간)}{처음\ 학습에\ 소요된\ 시간} \times 100$$

효과적인 암기방법

• 주기적으로 반복하고 또 반복하라.
• 나만의 암기방법을 개발하라.
• 꼭 필요한 것만 그리고 적절하게 암기하라.
• 비교, 대조하면서 암기하라.
• 온 몸으로 외워라.
• 남에게 가르치면서 외워라.
• 스토리로 만들어서 암기하라.

⑤ 학습역량 평가

학습역량 평가는 자신이 어떤 학생인지, 어떤 학생이 되고 싶은지를 객관적으로 바라볼 수 있는 기회를 제공한다.

아래 그림을 보고 나에게 어떤 역량이 높고 낮은지를 표시해보자. 그리고 다음 질문에 대해 스스로 답해보자.

	10	20	30	40	50
습관지속력					
자원활용능력					
동기					
목표설정					
시간관리					
집중력					
기억력					
노트필기					
시험관리					
실패극복능력					

4차 산업시대의 인성과 진로 및 취업

Work Sheet

1. 학습역량 평가를 통해 찾은 나의 강점은?

2. 스스로 개선해야겠다고 생각하는 영역은?

3. 내가 그 중 가장 집중적으로 개선하고 싶은 영역은?

4. 이를 개선하기 위해 내가 해야 할 일은 무엇이라고 생각하는가?

습관(習慣)이란? 사전적 의미로는 어떤 행위를 오랫동안 되풀이하는 과정에서 저절로 익혀진 행동방식, 학습된 행위가 되풀이 되어 생기는 비교적 고정된 반응 양식으로 해석된다. 속담에 '세 살 버릇 여든까지 간다.'라는 말이 있다. 키케로가 '습관은 제2의 천성이다.'라고 한 말은 습관이 미래의 삶을 결정하는 데 중요한 요소 중 하나이기 때문이다.

> **운명을 바꾸는 성공 습관**
>
> 학습 – 생각
> 생각 – 행동
> 행동 – 습관
> 습관 – 운명

심리학에서는 보통 어떠한 것이 습관으로 자리 잡기 위해서는 21일간의 연습이 필요하다고 한다. 그 기간이 21일인 이유는 생물학적으로 뇌에 새로운 습관을 만들려면 어른들은 보통 14일에서 21일 정도가 필요하기 때문이다. 이렇게 21일 동안 자신이 원하는 모습에 대해 크고 명확한 목표를 세우고 매일 그것을 실천하면, 자신을 원하는 사람으로 바꿀 수 있다.

브라이언 트레이시는 정신적 습관과 삶의 방향을 바꿀 수 있는 가장 강력한 방법 중의 하나로 21일 PMA(Positive Mental Attitude:긍정적인 정신 태도) 프로그램을 권한다. 이것은 21일 동안 24시간 내내 생각과 말과 행동을, 달성하고 싶은 목표와 되고자 하는 사람에 일치시키는 것이다. 또 '21번의 법칙'이라는 것이 있다. 이는 무엇을 자신의 것으로 삼고자 하면 최소한 21번 연습해야 한다는 말이다. 이는 공군 조종사를 전쟁에 투입하기 전에 모의 훈련을 몇 번 하는 것이 가장 효과적인가를 알아내기 위해 조사해 본 결과 21번 이상 훈련받은 사람들에게서 가장 높은 생존율이 나왔다는 통계에 근거한 얘기이다. 이는 최소한 21번의 반복 훈련이 필요하다는 말이다.

우리 뇌는 충분히 반복되어 시냅스가 형성되지 않은 것에는 저항을 일으킨다. 그러므로 좋은 습관이 몸에 익을 때까지는 21일간 의식적으로 노력을 기울여야 한다. 사람의 생체 시계가 교정되는 데는 최소한 21일이 소요되기 때문이다. 21일은 생각이 대뇌피질에서 뇌간까지 내려가는 데 걸리는 최소한의 시간으로, 생각이 뇌간까지 내려가면 그때부터는 심장이 시키지 않아도 뛰는 것처럼, 의식하지 않아도 습관적으로 행하게 된다.

정철희, '21일 공부모드'

4차 산업시대의
인성과 진로 및 취업

Chapter 04

MBTI(성격유형)와 DISC(행동유형) 탐색을 통한 자기이해

01 MBTI와 진로탐색

자신의 직업선택에 가장 중요한 것은 자신의 장점과 남다른 재능이 무엇인지 알아내고 이를 토대로 취약점을 개선하고 발전시키는 것이다. 이를 위해 우선적으로 성격유형 검사를 토대로 자신에게 맞는 진로에 대해 분석해보자.

MBTI는 C. G. Jung(1875~1981)의 심리 유형론에 따르면, 교육이나 환경의 영향을 받기 이전에 인간에게 잠재되어 있는 선천적 심리 경향을 말하며, 각 개인은 자신의 기질과 성향에 따라 성격의 기능이 판단과 인식, 사고와 감정, 감각과 직관, 외향과 내향 4가지 양극지표 중 하나의 범주에 속하게 된다. MBTI의 4가지 선호경향의 결과에 따라 머리글자로 형성된 네 개의 영어 알파벳으로 표시되어 결과 프로파일에 제시되며 MBTI의 성격 유형은 16가지로 분류한다.

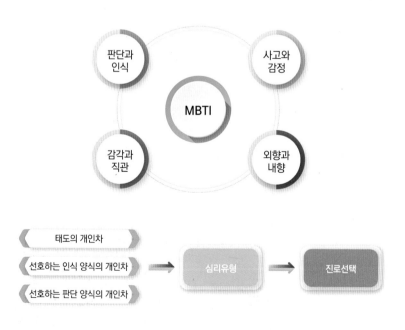

1 MBTI 네 가지 선호경향

외향 E Extraversion	에너지방향, 주의초점 사람이 타고나면서 가지는 성향	내향 I Introversion
감각 S Sensing	인식기능(정보수집) 어떤 정보를 받아들이는 성향	직관 N iNtuition
사고 T Thinking	판단기능(판단, 결정) 정보를 저장하는 방식	감정 F Feeling
판단 J Judging	이행양식/생활양식 정보를 밖으로 표출하는 방식	인식 P Perceiving

2 MBTI 성격유형

MBTI는 다음과 같은 네 가지 척도로 성격을 표시한다. 각각의 척도는 두 가지 극이 되는 성격으로 이루어져 있다.

표 4-1_ MBTI의 네 가지 척도

외향형(Extraversion)	내향형(Introversion)
폭넓은 대인관계를 유지하며 사교적이며 정열적이고 활동적이다.	깊이 있는 대인관계를 유지하며 조용하고 신중하며 이해한 다음에 경험한다.

감각형(Sensing)	직관형(INtuition)
오감에 의존하여 실제의 경험을 중시하며 지금, 현재에 초점을 맞추고 정확, 철저히 일처리한다.	육감 내지 영감에 의존하고 미래지향적이고 가능성과 의미를 추구하며 신속, 비약적으로 일처리한다.

사고형(Thinking)	감정형(Feeling)
진실과 사실에 주 관심을 갖고 논리적이고 분석적이며 객관적으로 판단한다.	사람과 관계에 주 관심을 갖고 상황적이며 정상을 참작한 설명을 한다.

판단형(Judging)	인식형(Perceiving)
분명한 목적과 방향이 있으며 기한을 엄수하고 철저히 사전계획하고 체계적이다.	목적과 방향은 변화 가능하고 상황에따라 일정이 달라지며 자율적이고 융통성이 있다.

출처: 한국 MBTI 연구소

 3 MBTI 16가지 성격유형

	감각/사고	감각/감정	직관/감정	직관/사고
내향/판단	ISTJ	ISFJ	INFJ	INTJ
내향/인식	ISTP	ISFP	INFP	INTP
외향/인식	ESTP	ESFP	ENFP	ENTP
외향/판단	ESTJ	ESFJ	ENFJ	ENTJ

표 4-2_MBTI 16가지 유형

유형	특성	성격
ISTJ	• 조용하고, 신중하며, 철저함과 확실성으로 좋은 결과를 얻고자 한다. • 구체적이고, 사실적이며, 현실적이고, 책임감이 강하다. • 해야 할 것을 논리적으로 결정하고, 흐트러짐 없이 꾸준히 해나간다. • 체계적으로 자신들의 일, 가정, 삶을 구성해 나갈 때 기쁨을 얻는다. • 전통과 성실을 가치 있게 여긴다.	세상의 소금형
ISFJ	• 조용하고, 다정하며, 세심하고, 성실하며, 책임감이 강하다. • 자신들의 의무에 헌신적이고, 이를 꾸준하게 실현해 나간다. • 철저하고, 노고를 아끼지 않으며, 사려 깊고, 정확하다. • 타인, 특히 자신에게 중요한 사람들의 느낌에 관심이 많고, 그들과 관련된 구체적인 것을 잘 알아차리고 기억한다. • 직장과 가정에서 정돈되고 조화로운 환경을 만들기 위해 노력한다.	임금 뒷편의 권력형
INFJ	• 아이디어, 관계, 물질 안에서 의미와 연관성을 찾는다. • 사람들의 동기를 이해하기 원하고, 다른 사람들에 대해 통찰력을 지니고 있다. • 자신들의 확고한 가치를 양심적으로 수행한다. • 공동의 선을 추구하기 위한 명확한 비전을 개발한다. • 자신의 비전을 수행하기 위해 사람들을 조직화하고 동기화시킨다.	예언자형
INTJ	• 독창적이고 창의적인 마인드를 지니고 있다. • 자신의 아이디어를 실현하고, 목적을 성취하고자 하는 욕구를 지니고 있다. • 사건의 패턴을 빨리 파악하여, 관련된 광범위한 설명과 더불어 앞으로의 전망을 제시한다. • 일을 조직화하고, 포괄적으로 수행한다. • 회의적이고 독립적이며, 자신과 타인들에 대한 능력과 수행에 높은 기준을 지니고 있다.	과학자형

유형	특 성	성격
ISTP	• 상황에 대해 관조적이고 유연하다. • 문제가 발생할 때까지 조용히 관찰하지만, 일단 발생하면 실행 가능한 해결책을 찾기 위해 빠르게 움직인다. • 문제의 현실적인 원인을 분석하고, 핵심을 구체적으로 파악하기 위해서 많은 양의 정보를 처리한다. • 원인과 결과에 관심이 많고, 사실을 논리적으로 구조화하고자 하며, 효율성에 가치를 둔다.	백과사전형
ISFP	• 조용하고, 다정하며, 정서에 민감하고, 친절하다. • 현재의 순간을 즐기며, 주변에서 일어나는 일들을 즐긴다. • 자신만의 공간과 시간 안에서 일하는 것을 좋아한다. • 자신의 가치를 중요시 여기며, 의미 있는 사람들에게 충실하며, 헌신적이다. • 논쟁과 갈등을 싫어하며, 자신의 의견이나 가치를 다른 사람들에게 강요하지 않는다.	성인군자형
INFP	• 이상주의자이며, 자신에게 의미 있는 가치나 사람에게 충성한다. • 자신의 가치와 조화를 이룰 수 있는 외부 세계를 원한다. • 호기심이 많고, 어떠한 일의 가능성을 보는 경향이 있으며, 아이디어를 수행하기 위한 촉매 역할을 한다. • 사람들의 본질을 이해하려 하고, 이들의 가능성을 성취할 수 있도록 돕는다. • 자신들의 가치가 위협받지 않는 한 잘 적응하고, 융통성이 있으며, 수용하는 편이다.	잔다르크형
INTP	• 이론적이고, 추상적이며, 자신의 관심 영역에 논리적이고 이론적인 설명을 하고자 한다. • 타인과의 상호작용보다는 아이디어에 더 많은 관심이 있다. • 조용하고, 유연성 있고, 적응력이 있다. • 관심 분야에 있어서 문제해결에 깊이 집중하는 모습을 보인다. • 회의적이며, 때로는 비판적이고, 항상 분석적이다.	아이디어 뱅크형

유형	특성	성격
ESTP	• 상황에 유연하며, 즉각적인 결과에 초점이 맞춰진 현실적인 접근을 선호한다. • 이론과 개념적인 설명은 지루해 하며, 문제해결을 위해 활동적으로 움직인다. • 지금 이 순간에서 벌어지는 일에 관심이 많고, 타인들과 활기차게 할 수 있는 매 순간을 즐긴다. • 감각적인 편안함과 스타일을 즐긴다. • 현실적이고 실제적인 경험을 통해서 배워나간다.	수완이 좋은 활동가형
ESFP	• 사교적이고, 다정하며, 수용적이고, 긍정적이다. • 타인들과의 상호작용과 물질적인 편안함을 추구한다. • 타인들과 함께 일하는 것을 즐기며, 상식적, 현실적인 접근으로 일을 재미있게 하고자 한다. • 융통성이 있고, 자발적이며, 새로운 사람들과 환경에 빨리 적응한다. • 사람들과 함께 경험을 해 봄으로써, 가장 잘 학습한다.	사교형
ENFP	• 열정적이고, 따뜻하며, 상상력이 풍부하다. • 세상을 가능성이 풍부한 곳으로 바라본다. • 사건과 정보를 잘 연관지으며, 자신만의 패턴을 기반으로 자신감 있게 일을 진행시킨다. • 타인들로부터 칭찬받기 원하며, 감사와 지지를 잘 표현한다. • 자발적이고, 융통성이 있으며, 열정적이고, 때로 자신만의 즉흥적, 유창한 언변을 발휘한다.	스파크형
ENTP	• 상황을 빠르게 이해하고, 활기차고, 기민하며, 거리낌 없이 표현한다. • 새롭고 도전적인 문제를 해결하는 데 흥미를 느끼며, 개념적 가능성을 창출하고, 그 후 전략적으로 그것들을 분석한다. • 사람들과 상황의 전반적인 흐름을 읽어내고자 한다. • 관심의 폭이 넓고, 한 가지 새로운 흥미는 또 다른 것으로 바뀌기 쉽다.	발명가형

유형	특 성	성격
ESTJ	• 구체적이고, 현실적이며, 사실적이다. • 결정을 하고, 결정된 것들을 이행하기 위해 빠르게 움직인다. • 프로젝트를 구조화하고, 사람들을 조직하며, 가능한 가장 효율적인 방법으로 결과를 얻는 것에 초점을 맞춘다. • 명확한 일련의 논리적 기준을 가지고 있고, 규칙적으로 그것에 따르며, 다른 이들도 또한 그러기를 바란다. • 자신의 계획을 추진해 나갈 때, 영향력을 행사하고자 한다.	사업가형
ESFJ	• 따뜻하고, 양심적이며, 협조적이고, 주변상황이 조화롭고 화합되기를 원한다. • 목표를 성취하기 위해 결정권을 가지고 일하기 좋아하며 정확하고 제 시간에 완수되기를 원한다. • 일상생활에서 타인들의 필요를 잘 알아채며, 그것을 제공하기 위해 노력한다. • 혼자보다 타인들과 함께 하는 것을 좋아한다. • 사소한 일들도 성실하게 끝까지 해내며, 자신의 존재와 기여를 인정받기 원한다.	친선도모형
ENFJ	• 따뜻하고, 감정이입을 하며, 표현이 활발하고, 책임감이 있다. • 타인들의 정서, 욕구, 동기에 대한 높은 관심을 가지고 있다. • 모든 사람들의 잠재성을 찾는 동시에, 그것들을 실현시킬 수 있도록 돕는다. • 집단 안에서 다른 사람들과의 상호작용을 촉진시키며, 성장을 위한 촉매역할을 한다. • 비전과 목표에 대해 사람들을 동기화시키는 리더십을 발휘한다.	언변능숙형
ENTJ	• 솔직하며, 결단력 있고, 타인들을 이끌고자 한다. • 비논리적이거나, 비효율적인 절차와 정책을 빨리 간파한다. • 조직의 문제를 해결하기 위한 포괄적인 시스템을 개발하고 수행한다. • 자신들의 지식을 확장하고자 하고, 또한 그것을 타인들에게 전달하는 것을 즐긴다. • 장기 계획과 목표를 설정하고 자신들의 아이디어와 비전을 뚜렷하게 표현하고 관철시킨다.	지도자형

Work Sheet

1. 나는 MBTI 16가지 유형 중 어떤 유형인가?

2. MBTI를 통해 나의 유형의 강점과 약점, 보완해야 할 점에 대해 서술해보자.

❶ 강점 :

❷ 약점 :

❸ 보완해야 할 점 :

3. 상대방의 유형을 비교하여 보고 이해하며 이를 통해 유대감을 형성하여 보자.

02 DISC 행동유형

　사람들은 태어나면서부터 성장하여 현재에 이르기까지 자기 나름대로의 독특한 동기요인에 의해 일정한 방식으로 행동을 취하게 된다. 그것은 하나의 경향성을 이루게 되어 자신이 일하고 있거나 생활하고 있는 환경에서 아주 편안한 상태로 자연스럽게 행동을 하게 된다. 이것을 행동패턴 또는 행동스타일이라고 한다. 1928년 미국 콜롬비아 대학 심리학교수인 Willam Mouston Marston박사는 사람들이 이러한 행동경향성을 보이는 것에 대해 독자적인 행동유형모델을 만들었다. 이러한 인식을 바탕으로 한 인간의 행동을 주도형, 사교형, 안정형, 신중형으로 4가지 DISC 행동유형을 만들었다.

4차 산업시대의 인성과 진로 및 취업

1 DISC 행동유형의 특성

📖 표 4-3_DISC 행동유형의 특성

구분	내 용	
Dominance (주도형) 외향적 사고형	결과를 성취하기 위해 장애를 극복함으로써 스스로 환경을 조성한다. (전체 인구 비율: 10%)	• 빠르게 결과를 얻는다. • 다른 사람의 행동을 유발시킨다. • 도전을 받아들인다. • 의사결정을 빠르게 내린다. • 기존의 상태에 문제를 제기한다. • 지도력을 발휘한다. • 어려운 문제를 처리한다.
Influence (사교형) 외향적 감정형	다른 사람을 설득하거나 영향을 미침으로써 주변 환경을 통해 환경을 조성한다. (전체 인구 비율: 25~30%)	• 사람들과 접촉한다. • 호의적인 인상을 준다. • 말솜씨가 있다. • 다른 사람을 동기유발시킨다. • 열정적이다. • 사람들을 즐겁게 한다. • 사람과 상황에 대해 낙관적이다. • 그룹 활동을 좋아한다.
Conscientious- **ness** (신중형) 내향적 사고형	업무의 품질과 정확성을 높이기 위해 기존의 환경 안에서 신중하게 일한다. (전체 인구 비율: 20~25%)	• 중요한 지시나 기준에 관심을 둔다. • 세부사항에 신경을 쓴다. • 분석적으로 사고하고 찬반, 장단점 등을 고려한다. 외교적 수완이 있다. • 갈등에 대해 간접적 혹은 우회적으로 접근한다. • 정확성을 점검한다. • 업무수행에 대해 비평적으로 분석한다.
Steadiness (안정형) 내향적 감정형	과업을 수행하기 위해서 다른 사람과 협력한다. (전체 인구 비율: 30~35%)	• 예측 가능하고 일관성있게 일을 수행한다. • 참을성을 보인다. • 전문적인 기술을 개발한다. • 다른 사람을 돕고 지원한다. • 충성심을 보인다. • 남의 말을 잘 듣는다. • 흥분한 사람을 진정시킨다. • 안정되고, 조화로운 업무 환경을 만든다.

Work Sheet

1. DISC 행동유형 중 나는 어떤 유형인가?

2. 본인 유형의 장단점 살펴보기

4차 산업시대의
인성과 진로 및 취업

Chapter 05

직업흥미와 적성 및 직업가치관

사람들은 다양한 목적으로 직업을 가진다. 일반적으로 직업의 목적을 생계유지, 사회참여와 봉사, 자아실현에 둔다.

1) 직업의 3가지 목적

❶ 생계유지의 수단

직업은 여러 가지 기능을 가지고 있지만 그중 하나는 일하는 대가로 보수가 따라오기에 생계를 유지할 수 있다.

❷ 사회참여와 봉사

직업은 본질적으로 사회성을 가지고 있다. 직업은 이웃에 대한 봉사, 사회에 대한 필요성, 국가와 인류에 대한 공헌을 해야 한다.

❸ 자아실현

일을 통하여 자신을 발전시키고 자신이 원하는 바를 성취하고 이상을 실현할 수 있는 것이 바람직한 직업의 목적이 된다.

> 직업의 의미
>
> 1. 경제적 측면: 생계유지, 가족부양, 다양한 문화 및 복지생활의 기초
> 2. 사회적 측면: 사회구성원으로서의 역할, 민주시민의식, 공동체 의식
> 3. 심리적 측면: 자기정체성, 자신감, 사회적 안정감, 가족구성원의 사랑

2) 미래 직업에서 요구되는 능력

❶ 지성적·감성적·미적 능력 + 창의성

- 미래사회는 정보화, 간소화, 서비스화가 더욱 진전됨에 따라 높은 가치를 창출한다.
- 미래의 모든 직업은 고객을 필요로 하며 고객의 시선을 이끌어 내어야 하므로 디자인 감각은 필수이다.
- 미래의 어떤 직업이든 창의적인 아이디어는 가장 기본적 요소이다.

❷ 종합적 능력의 요구

- 산업의 변화에 따라 미래사회의 직업 능력 면에서 기술적, 개인적, 사회적 능력과 같은 다양한 능력이 요구된다.
- 기술발달에 따라 산업현장에서 기능적 요소는 감소되지만, 팀을 이루어 동료와 함께 일하는 사회적 능력이 요구된다.

❸ 3R + 3C

지금까지는 전통적으로 강조되어 온 읽고, 쓰고, 셈하는 3R시대(reading, writing, arithmetic)였다면, 미래사회는 컴퓨터(computing), 비판적 사고(critical thinking), 변화의 능력(capacity for change)이 추가되어야 한다.

❹ 대인관계능력

직업인에게 있어서 조직구성원으로서 원만한 관계를 유지하여 자신의 역할을 충실하게 수행하기 위해 필수적으로 요구된다.

❺ 자기관리능력

자신의 발전을 위해 스스로 훈련하고 조절하는 능력

❻ 합리적인 의사결정능력이 요구된다.

출처: 미래 사회 인간상, 한국콘텐츠미디어

02 나의 흥미와 직업흥미

1) 나의 흥미 이해

❶ 진로선택에서 흥미의 중요성

흥미는 진로선택에서 매우 중요하게 고려되는 요소 중 하나이다. 흥미란 일반적으로 어떤 활동을 좋아하는 정도를 나타내며, 어떤 일에 얼마나 만족감을 느끼는가를 의미한다. 올바른 진로선택을 위해서는 우선 자신의 흥미와 적성, 가치관 등을 충분히 이해하고 주변 환경과 직업세계를 종합 분석해 보며 이를 기초로 그에 맞는 능력을 습득하는 과정을 통해 단계적으로 나아가야 한다.

❷ 나의 직업흥미 알아보기

자신이 평소 어떤 유형의 일에서 즐거움과 만족감을 많이 느끼는가를 생각해보고, 그 일을 직업과 직접적으로 관련시켜 보면서 자신이 어떤 일에 가장 흥미를 가지고 있는가를 판단해 보는 것이다. 이 과정에서 중요한 포인트는 나의 흥미와 직업의 연관도를 최대한 객관적으로 바라보는 것이다.

사례 일의 즐거움

중세 시대에 있었던 일이다. 어떤 감독관이 노동자들이 자기들의 일에 대해 어떻게 생각하는지를 조사하기 위해 파견되었다. 그는 프랑스의 어떤 건설 현장으로 갔다. 그가 첫 번째 노동자에게 다가가 물었다. "무슨 일을 하고 있습니까?"

그러자 노동자는 귀찮은 듯이 이렇게 내뱉는 것이었다.

"보면 모르시오? 윗사람이 지시한 대로 바위를 쪼아 내어 모양을 내고 있는 중이오. 형편없는 장비로 이 엄청난 바위를 잘라 내는 것이 얼마나 힘든지 알기나 하시오? 태양이 뜨거워 땀은 나지, 일은 힘들지, 죽을 지경이라오."

감독관은 그 자리에서 물러 나와 두 번째 노동자에게로 갔다.

"무슨 일을 하고 있습니까?", "이 바위들을 쪼아 건축가가 사용할 수 있게끔 모양을 내고 있습니다. 나중에 건축가가 이것들을 가져다가 짜 맞추게 됩니다. 이 일은 힘들고 짜증이 나기도 합니다. 그러나 일한 대가로 일주일에 5프랑을 받아 그것으로 제 아내와 아이들을 먹여 살리지요. 나의 직업이니까요."

이 말에 어느 정도 용기를 얻은 감독관이 세 번째 노동자에게로 가서 물었다. "무슨 일을 하고 있습니까?" 그러자 그는 손을 들어 하늘을 가리키며 말하였다.

"자, 보시고도 모르겠습니까? 대성당을 짓고 있는 중이라오."

일에 대한 기쁨과 즐거움으로 가득 차 있는 그의 모습이 바로 그의 대답이었다.

Work Sheet

1. 나는 어떤 일을 할 준비가 되어 있는가?

2. 나는 어떤 일을 잘 할 수 있는가?

3. 나는 어떤 일을 즐겁고 행복하게 할 수 있는가?

4. 친구는 어떤 직업을 가졌으면 좋겠는가?(이유는?)

5. 세상의 모든 직업이 보수가 같다면 나는 어떤 직업을 선택할 것인가?

2) 직업적 흥미 유형별 특성

표 5-1_ 직업적 흥미 유형별 특성

직업적 흥미 유형	성격 특징	(선호하는/싫어하는) 직업적 활동	대표적인 직업
실재적 유형	남성적, 솔직함, 성실, 검소, 지구력, 말이 적고 고집 있음, 직선적, 단순함	• 선호하는 활동: 연장, 기계, 도구를 조작하는 활동, 신체적 기술 • 싫어하는 활동: 교육적이며 치료적인 활동	기술사, 조종사, 정비사, 농부, 운동선수 등
탐구적 유형	논리적, 분석적, 합리적, 정확성, 비판적, 신중성	• 선호하는 활동: 관찰, 상징적, 체계적, 물리적, 문화적 현상을 탐구하는 활동 • 싫어하는 활동: 사회적이고 반복적인 활동	과학자, 생물학자, 인류학자, 의료기술자 등
예술적 유형	상상력, 감수성, 자유로움, 개방적, 독창적	• 선호하는 활동: 예술적 창조와 표현 변화와 다양성 추구, 자유롭고 상징적인 활동 선호 • 싫어하는 활동: 명쾌하고, 체계적이고, 구조화된 활동	예술가, 작곡가, 작가, 배우 등
사회적 유형	친절, 이해심, 봉사, 이상주의적	• 선호하는 활동: 타인의 문제를 듣고 이해하고 도와주며 봉사하는 활동 • 싫어하는 활동: 기계, 도구, 물질과 함께 명쾌하고 질서정연하고, 체계적인 활동	사회 복지사, 교육자, 간호사, 상담가 등
설득적 유형	지배적, 통솔력, 설득적, 외형적, 낙관적	• 선호하는 활동: 조직의 목적과 경제적 이익을 얻기 위해 타인을 선도, 계획, 통제, 관리하는 일 • 싫어하는 활동: 관찰, 상징적, 체계적 활동	기업 경영인, 정치가, 영업사원, 관리자 등
관습적 유형	정확성, 조심성, 세밀함, 계획성, 책임감	• 선호하는 활동: 정해진 원칙과 계획에 따라 자료 정리, 기록, 조직하는 일. 체계적인 작업환경에서 사무적, 계산적, 능력을 발휘하는 활동 • 싫어하는 활동: 창의적, 자율적이며 모험적, 비체계적인 활동	공인회계사, 은행원, 세무사, 안전관리사 등

출처: 김봉환(2000), 학교 진로상담. 학지사 재구성

Work Sheet

직업흥미 유형별 검사 결과 나의 프로파일은?

흥미 유형

나의 성격 특징

관련 직업

나의 전공학과

일치도

사례 스티브 잡스(Steve Jobs 1955~2011)

아담과 이브의 사과는 '인류를 바꾼 사과'이고, 뉴턴의 사과는 '과학을 바꾼 사과'이고, 스티브 잡스의 사과는 '문화를 바꾼 사과'라고 말한다. 어떤 이는 다빈치, 에디슨, 스티브잡스를 인류 3대 천재라고도 한다. 사생아로 태어나 파란만장하고 격렬한 56년의 인생을 살다간 스티브 잡스가 남긴 말들을 모아 되짚어본다.

1. 사랑하는 사람을 찾듯이 사랑하는 일을 찾아라.

   진정으로 만족하는 유일한 길은 당신이 위대한 일이라고 믿는 일을 하는 것이고 위대한 일을 하는 유일한 길은 당신이 사랑하는 일을 하는 것이다.

2. 살아보니 돈은 중요하지 않더라.

   잠자리에 들 때 오늘 정말 멋진 일을 했다고 말할 수 있는 것이 중요하다.

3. 다른 사람의 삶을 사느라 한정된 시간을 낭비하지 마라.

   중요한 것은 당신의 마음과 직관을 따르는 용기를 내는 것. 이미 마음과 직관은 당신이 하고자 하는 바를 알고 있다.

4. 실패의 위험을 감수하는 사람만이 진짜 예술가다.

   늘 갈망하고 우직하게 나아가라.(Stay Hungry, Stay Foolish!)

5. 언젠가 죽는다는 사실을 기억하라.

   그럼 당신은 정말로 잃을 것이 없다.

6. 창조성이란 단지 사물을 연결하는 것이다.

   창조적인 사람들에게 어떻게 그런 일을 할 수 있었는지 묻는다면 그들은 약간 죄책감을 느낄 것이다. 왜냐하면 그들은 진정 창조적인 일을 한 것이 아니라 단지 무엇인가를 봤을 뿐이기 때문이다.

1996년 와이어드

출처: 현경호 교수, 재구성

03 나의 적성 이해

1 진로선택에서 적성의 중요성

적성이란 사전적 의미로는 어떤 일에 알맞은 성질이나 소질, 그 일을 현재 얼마나 잘 할 수 있으며, 앞으로 얼마나 잘 해 나갈 수 있는지를 보여주는 하나의 능력지표이다. 적성은 개인에게만 중요한 것이 아니라 회사 또는 기업의 입장에서도 중요하다. 기업의 인사는 지원자의 개인적 능력을 기반으로 효율적인 인재를 선발하여야 하기 때문이다. 이를 위해 인사 담당자는 회사의 업무와 적성이 맞는 사람으로 채용하고 그에 적합한 직무에 배치하려고 신입사원을 채용할 때 직업적성을 면밀히 파악하고자 한다. 이는 곧 개인이 진로선택 시 적성을 우선시 해야 하는 이유이기도 하다.

적성은 타고난다고 할 만큼 유전적인 요인이 강하지만 후천적인 학습이나 경험 또는 훈련에 의해 개발될 수 있다.

하버드 대학의 가드너(Gardner) 교수의 다중지능이론에 따르면 인간은 누구나 언어지능, 논리수리지능, 공간지능, 음악지능, 신체지능, 대인관계지능, 자기이해지능, 자연탐구지능 등 8개 영역의 지능을 가지고 있으며, 사람마다 특화된 영역이 다르다고 한다.

사례 꿈과 적성을 찾아준 피카소의 아버지

피카소는 1881년 스페인 태생으로 화가의 아들로 태어났다. 그는 어렸을 때부터 그림에 대해 천재성을 보여주었다. 그의 그런 천재성의 면모를 보여주는 사례 중 하나가 나이 제한에도 불구하고 마르셀로나 미술학교 시험에 합격했으며 스페인의 미술 전통을 소화해 열다섯 살 때에는 풍속화, 초상화를 능란하게 그려냈다는 것이다. 피카소의 아버지도 미술교사이면서 화가였는데 아홉 살 때 그린 그림을 보고 자신의 화실을 피카소에게 넘겨주었다. 91년 생애 중 80여년을 미술작품에 혼신을 다해 3만점 이상의 작품을 남겼다. 대표작으로는 '아비뇽의 처녀들', '게르니카' 등이 있다.

피카소의 아버지는 수학을 못해서 학교에서 놀림을 받는 피카소에게 수학이 인생의 전부는 아니라고 하며, 그림에 소질과 적성이 맞는 피카소를 격려하여 그를 세계 최고의 화가로 키워냈다.

2 직업 적성 이해

🏆 표 5-2_ 성인용 직업 적성 검사

적성요인	내용	적합한 직업
언어력	어휘력과 문장 독해를 측정, 일상생활에서 다양한 단어의 의미와 문장 내용을 바르게 파악하는 능력	인터넷 관련 전문가, 전자 및 통신 공학 기술자, 손해사정인, 일반관리자 등
수리력	계산력과 자료해석력을 측정, 수리적 문제를 풀고, 통계적 자료 의미를 정확히 해석하는 능력	기계공학 기술자, 물리, 화학, 생물 전문가, 초등교사, 공인회계사 등
추리력	수열추리, 도형추리력 측정, 주어진 정보를 이용하여 서로의 관계를 논리적으로 추론해 내는 능력	컴퓨터 프로그래머 및 시스템 엔지니어, 세무사, 수학자, 통계학자 등
공간지각력	지도 보고 위치 찾기, 조각 맞추기, 그림 맞추기, 공간 속에서 위치나 방향을 정확히 파악하는 능력	화가 및 만화가, 사진작가, 촬영기사 등
사물지각력	지각속도를 측정, 서로 다른 사물들 간의 유사한 점이나 차이점을 정확하게 지각하는 능력	음식제조 관련 직업, 유치원 교사, 건축 관련 직업
상황판단력	상황판단력을 측정, 문제의 갈등상황에서 이를 해결하기 위한 바람직한 대안을 판단하는 능력	속기사, 운전 관련 직업, 직업상담원 등
기계능력	기계의 작동원리나 사물의 운동원리를 정확하게 이해하는 능력	산업공학기술자, 정비사, 기계공학기술자
집중력	작업을 방해하는 환경에서도 정신을 한 곳으로 집중하여 문제를 해결할 수 있는 능력	성우, 아나운서, 컨설팅 전문가, 대인 서비스 관련 직업 등
색채지각력	색 구별, 색 혼합을 측정, 서로 다른 색들을 정확하게 구분하여 다른 색의 혼합 결과를 판단하는 능력	음악 관련 직업, 영양사, 디자이너, 미용 관련 직업
사고유창력	용도 찾기, 상상하기를 측정 짧은 시간에 많은 아이디어를 창출하는 능력	소방관, 기자, 작가, 건축설계기술자, 경찰관, 직업군인, 번역전문가 등
협응능력	기호쓰기 측정, 손과 눈의 협응 속에서 세밀한 작업을 빠른 시간 내에 정확하게 해내는 능력	레크리에이션지도자, 영업사원, 미용관련 직업, 체육지도자, 무용가 등

출처 : 산업인력공단, 워크넷 재구성.

4차 산업시대의 인성과 진로 및 취업

Work Sheet

나의 적성 점검

1. 나에게 맞는 적성 요인은?

2. 그에 적합한 직업은?

3. 관심 있는 직업은?

③ 직업기초능력 검사

직업기초능력 검사의 능력요인을 8가지로 측정하고 있다.

💡 표 5-3_ **직업기초능력 검사 능력요인**

적성요인	내 용
기초업무능력	기본 업무 및 의사소통을 위한 읽기, 쓰기, 수리능력, 의사소통능력
사고력	문제해결과 의사결정을 위한 사고능력
성숙한 인격	직장생활에 필요한 책임감, 자아존중감, 사회성 및 도덕성
자원활용능력	시간, 돈, 시설, 인적 자원 등을 배분하는 능력
대인관계능력	다른 사람들과 잘 어울리고 협상할 수 있는 능력
정보관리능력	정보를 수집, 해석 및 관리하는 능력
기술관리능력	도구나 장비를 알맞게 선택하고 관리하고 활용할 수 있는 능력
체제관리능력	변화의 추세를 알고 이해하며 개인의 업무와의 관계를 파악하는 능력

출처: 한국직업능력개발원

Work Sheet

1. 내가 현재 잘 할 수 있는 직업기초능력 요인은?

2. 나에게 부족한 직업기초능력 요인은?

3. 부족한 부분을 보완하려면 어떤 노력을 해야 하는가?

04 나의 가치관 이해

가치관이란 사전적 의미로 인간이 자기를 포함한 세계나 그 속의 어떤 대상에 대하여 가지는 평가의 근본적 태도나 관점을 말한다. 다시 말해 옳은 것, 바람직한 것, 해야 할 것, 하지 말아야 할 것 등에 관한 일반적인 견해를 뜻한다. 인간은 어떤 행동을 할 때 가치관의 영향을 받는다. '가치'란 사람들로 하여금 어떤 방식으로 행동하게 하는 원리, 기준, 또는 바람직하다고 고려되는 것이다. 개인적인 가치들은 인간관계에서 중요한 특성이며 일상생활에서 스스로 선택하고 결정하는 행위의 중요한 요소이다.

1 직업가치관

가치관 중 직업선택과 관련된 가치관을 '직업가치관'이라고 한다.

직업가치관은 자신이 맡은 직업을 수행하는 데 있어서 바람직하다고 생각하는 기준을 말한다. 인생을 설계하는 데 있어서도 자신이 중요하다고 생각하는 가치에 의해서 직장을 선택했을 경우 그 가치는 좌절과 불만에 빠져들게 하는 상황과 환경을 극복하는 데 도움이 된다. 내가 직업을 선택할 때 가장 중요하게 생각하는 것은 무엇인지 알아보는 직업적 요인인 직업가치관을 살펴보자.

1) 직업가치관 종류

- 근무여건: 쾌적한 환경과 합리적인 근무시간, 출퇴근 거리 등
- 성취감: 자신의 능력을 발휘하고 성취감을 느낄 수 있는 것
- 변화지향: 반복되지 않고 변화 있게 일하는 것
- 사회성: 다른 사람들과 어울려 일하는 것
- 발전성: 더 발전하고 배울 수 있는 기회가 있는 것
- 경제적 보상: 많은 월급을 받거나 수입이 있는 것
- 사회봉사: 타인에게 도움이 되는 것
- 사회적 인정: 다른 사람들에게 인정받는 것
- 사회적 지위: 사회적 지위가 높은 것
- 안정성: 쉽게 그만두지 않고 오랫동안 안정적으로 일할 수 있는 것
- 지도력: 다른 사람을 이끌면서 일하는 것
- 흥미, 적성: 자신의 흥미와 적성에 맞게 즐겁게 일할 수 있는 것

Work Sheet

1. 직업가치관 중 우선순위 3가지를 적어보시오.

①

②

③

2. 우선순위 3가지를 선택한 이유를 설명하시오.

2 나의 가치관

다음에 제시된 내용 중 여러분이 인생에서 가장 추구하면서 살고 싶은 것을 1위부터 20위까지 순위를 적어보세요.

(   ) 만족스러운 결혼

(   ) 자유로운 삶

(   ) 국가의 운명을 좌우할 수 있는 기회와 능력

(   ) 타인으로부터의 존경과 인정을 받을 것

(   ) 삶을 긍정적으로 바라보는 태도

(   ) 행복한 가족 관계

(   ) 매력적이고 아름다운 외모

(   ) 건강하게 오래 사는 삶

(   ) 평화로운 세상

(   ) 종교를 통한 삶

(   ) 일생 동안의 경제적 안정

(   ) 편견 없는 세상

(   ) 질병과 궁핍을 없애는 기회

(   ) 세계적 명성과 높은 인기

(   ) 삶의 의미에 대한 이해

(   ) 부정과 속임이 없는 세상

(   ) 직장에서의 자유

(   ) 진정한 사랑

(   ) 자기 일에서의 성공

(   ) 열정을 가지고 도전하는 삶

출처: 강재태, 배동훈(2008), 진로지도 워크북, 재구성

Work Sheet

1. 나의 가치관에서 가장 우선적으로 선택한 것과 가장 경시하는 것을 다음에 적어 보자.

❶ 가장 선호하는 것 – 이유

· 1위:

· 2위:

· 3위:

❷ 가장 경시하는 것 – 이유

· 18위:

· 19위:

· 20위:

2. 위에서 답한 것 외에 내가 평소 생활 속에서 가치 있게 여기는 것은 어떤 것들이 있는가?

4차 산업시대의
인성과 진로 및 취업

Chapter 06

나의 비전과 목표설정

비전

비전(vision)이란 사전적 의미로는 '내다보이는 미래의 상황'으로 정의하고 '앞을 내다보는 능력' '미래를 보는 감각' 등으로 해석된다. 비전이란 존재의 이유를 말하고 궁극적으로 성취하고자 하는 목표를 말하며 비전과 꿈은 비슷하게 해석된다. 비전은 불투명한 미래의 방향을 잡아주는 나침반의 역할이라고도 볼 수 있다. 비전이 명확할 때 사람들은 동기를 가지고 그 일에 뛰어들기도 하고 난관이나 어려움이 있어도 그 비전을 위해 역경을 이겨낸다.

"태양을 향해 던지는 창이 가장 높이 올라간다."

1 비전의 3가지 핵심요소

① 의미있는 목적
② 뚜렷한 가치
③ 미래의 청사진

꿈꾸는 다락방

생생하게(vivid) 꿈꾸면(dream) 이루어진다(realization)

R = VD

2 비전 선언문 사례

🌱 빌 게이츠 "개인용 컴퓨터를 전 세계 가정에 보급하여 컴퓨터업계의
제왕이 되겠다."
"전 세계를 미래의 무한속도 경쟁시대로 이끌어가겠다."

🌱 케네디 "1970년대 말까지 인류를 달 위에 서게 한다."

3 꿈, 비전에 대한 중요성을 이야기 한 사례

🌱 강제규 감독 "나는 영화다. 하고 싶은 일을 해라. 힘겨운 것에 도전
하라."

🌱 앙드레 김 "남들보다 한발 앞선 창조와 도전정신, 진정한 브랜드 리더
의 성공에는 마침표가 없다."

🌱 데일 카네기 "자신이 하는 일을 재미없어 하는 사람치고 성공하는 사
람을 본 적이 없다."

🌱 마이클 조던 "나는 계속 실패하고 또 실패했다. 그것이 내가 성공한
이유다. 성공에는 지름길이 없다. 한 걸음씩 나아가는 것
뿐이다. 어떤 일을 하든 목표를 달성하는데 이보다 뛰어
난 방법은 없다."

🌱 잭킨필드 "목표를 적어라! 시각화하라! 자기 확신을 가져라!"

🌱 아인슈타인 "한 번도 실수해 보지 않은 사람은 한 번도 새로운 것을
시도한 적이 없는 사람이다."

비전 상실 증후군 '삶은 개구리 증후군(The boiled frog syndrome)'

미국의 코넬 대학교에서 개구리 실험을 실시했다. 건강한 개구리를 뜨거운 물이 담긴 비커에 넣으면 개구리는 밖으로 뛰어나오려고 애를 쓰지만, 찬물이 담긴 비커에 개구리를 넣고 서서히 물을 가열하면 개구리는 물이 점점 뜨거워지는 변화를 인식하지 못해 결국에는 비커 속에서 죽고 만다.

이 현상을 심리학 용어로 '삶은 개구리 증후군(The boiled frog syndrome)'이라고 한다. '삶은 개구리 증후군'은 다른 말로 '변화 무지 증후군' 또는 '비전 상실 증후군'으로도 불린다. 현실에 안주하는 것은 당장엔 편하지만 미래가 없다. 현실의 안락함에 길들여지면 변화에 둔감해지고 자신도 모르는 사이 세상의 큰 흐름에서 낙오되기 마련이다. 변화를 두려워하거나 세상의 변화를 회피하기보다는, 새로 배우고 도전하면서 세상의 변화를 이끌어가야 한다.

Work Sheet

나의 비전 보드 만들기

비전 보드는 각 개인의 비전을 시각화하여 비전 달성을 돕는 강력한 도구이다. 비전 보드를
통해 나의 꿈과 비전에 대한 동기부여를 할 수 있으므로 자신의 비전을 실제로 볼 수 있게
글과 그림, 사진을 사용하여 비전 보드를 만들어 보자.

• 나의 비전 보드

Work Sheet

나의 비전 선언문을 작성해 보자.

• 나의 비전 선언문

1. 이름:

2. 작성일자:

3. 나의 비전(가능한 한 문장으로 압축 표현)

4. 비전달성을 위한 행동계획

❶

❷

❸

❹

❺

02 목표설정

목표를 설정하는 것은 무엇보다 중요하다. 누구나 크고 작은 목표를 가지고 있다. 어떤 이는 목표를 달성하고 어떤 이는 작심3일이 되기도 한다. 이것은 목표를 설정하는 단계부터 차이가 난다. 목표는 SMART하게 작성되어야 한다. 목표설계 단계부터 SMART 기법을 활용하여 철저하게 설정하여 보자.

1 목표설정의 법칙

1) Specific: 구체적이고 명확한 목표

1953년 미국 예일대학 졸업반 학생에게 졸업하기에 앞서 확고한 삶의 목표를 어느 정도 가지고 있는지 조사해본 결과 아래의 결과물이 나왔다. 목표를 구체적으로 문서화한 3%의 사람들이 축적한 재산이 목표를 문서화하지 않은 97%의 사람들이 축적한 재산보다 훨씬 더 많았다고 한다.

TIP

꿈을 이루게 하는 목표에 대한 명언

• 중요한 것은 목표를 이루는 것이 아니라, 그 과정에서 무엇을 배우며 얼마나 성장하느냐이다.

앤드류 매튜스

• 치밀하고 합리적인 계획은 성공하지만, 어떤 느낌이나 불쑥 떠오른 생각에 의한 행동은 실패하는 경우가 많다. 큰 목표일수록 잘게 썰어라.

디오도어 루빈

• 정확한 목표 없이 성공의 여행을 떠나는 자는 실패한다.

노만 V. 필

• 오랫동안 꿈을 그리는 사람은 마침내 그 꿈을 닮아간다.

니체

이들 간에는 학력, 재능, 지능 면에서 아무런 차이가 없었음에도 불구하고 목표를 문서화했느냐에 따라 재산, 소득, 사회적인 영향력 등의 격차가 10배, 20배, 30배 차이가 났다.

표 6-1_ 비전 **목표 설정**

목표설정 방법	20년 후 결과
문서화 : 3%	사회지도층
구체적 목표 : 10%	전문직 상류층
간단한 목표 : 60%	일반적인 삶
무계획적 삶 : 27%	영세민 생활

표 6-2_ 비전 **목표 작성의 효과**

목표 작성 여부	부의 분배 결과
3%	95%
97%	5%

2) Measurable: 측정이 가능한 목표

목표는 측정이 가능하도록 구체적으로 작성해야 한다.

예 체중을 줄이겠다. → 지금 90kg이니까 6개월 동안 15kg 감량해야 겠다.

3) Action-oriented: 행동 중심적으로

목표를 위해서 어떤 행동을 해야 하는지 구체적으로 기록해야 한다. 생각만 하고 행동으로 옮기지 않는 사람들이 있다. 변화는 행동으로부터 시작된다. 바로 실행할 수 있는 행동부터 설정한다.

예 매일 자투리 시간 활용하여 학습에 활용하기

4) Realistic: 현실적으로

목표는 현실적인 여건에서 달성 가능하도록 작성해야 한다.

예 아침에 30분 일찍 일어나기

5) Timely: 시간의 제약

목표는 구체적으로 언제까지 달성할 것인지를 명확한 기한과 시간을 명시해서 작성한다.

예 12월 31일까지 관련도서 30권을 읽겠다.

목표 관리 방법

- 구체적으로 기록하라.
- 이왕이면 크게 정하라.
- 정기적으로 점검하고 자주 수정, 보완하라.
- 시각화가 가능한 것은 시각화하라.
- 항상 휴대하라.
- 반복적으로 긍정적인 암시를 하라.
- 다른 사람들과 자주 소통하라.
- 꿈이 있는 사람들과 관계를 형성하라.
- 작은 꿈들을 소중히 여기고 관리하라.

20대에 꼭 이루고 싶은 것 10가지 (예)

1. 내 인생의 목표를 정한다.
2. 내 인생을 걸 수 있는 직업을 결정한다.
3. 내 영혼을 움직이는 책을 만난다.
4. 실패를 두려워하지 않는 나를 만난다.
5. 내 삶의 롤 모델을 정한다,
6. 내 삶에서 중요한 친구를 만난다.
7. 인생의 경제적 목표를 정한다.
8. 내 인생을 함께 할 배우자를 만난다.
9. 내가 꼭 가고 싶은 외국여행을 간다.
10. 10년을 투자할 수 있는 취미를 만든다.

출처: 한국행동요법학회, 자아실현을 위한 대학생활 설계

Work Sheet

나의 20~30대에 이루고 싶은 10가지

내 용	준비상태	가능성

내가 정말 하고 싶은 일은?

의미(Meaning), 즐거움(Pleasure), 장점(Strength)이 있어야 한다.

벼룩의 교훈

한 남자가 벼룩을 잡아 유리병 안에 집어넣고 관찰했다. 벼룩은 가볍게 튀어 올라 유리병 밖으로 나왔다. 몇 번을 다시 집어넣었지만 결과는 마찬가지였다. 이 실험을 통해 벼룩은 자기 몸길이의 4백배가 넘는 높이를 튀어 오를 수 있다는 사실을 알게 되었다.

벼룩을 다시 유리병 안에 집어넣고 재빨리 뚜껑으로 입구를 닫았다. 종전과 마찬가지로 높이 튀어 오르기를 시도하던 벼룩은 계속해서 유리병 뚜껑에 부딪쳤다. 벼룩은 매번 튀어 오를 때마다 뚜껑에 부딪쳐서 "퉁!"하는 소리를 냈다. 하지만 잠시 후 벼룩은 유리병의 높이에 맞추어 튀어 오르는 것이었다. 그 후 벼룩은 뚜껑에 몸을 부딪치지 않으면서 유리병 안에서 자유롭게 튀어 오를 수 있었다.

다음 날 유리병 뚜껑을 열어주었다. 하지만 벼룩은 유리병의 높이만큼만 튀어 오를 뿐 유리병 밖으로 나오지 못했다. 사흘 후, 일주일 후에도 마찬가지였다. 벼룩은 유리병보다 더 높이 뛸 수 있는 능력을 잃어버렸던 것이다.

Work Sheet

자신의 인생 목표의 설정 준비 분석

인생 목표의 설정 준비	내 용
1. 나의 삶에서 최고 목표는?	
2. 내가 생각하는 의미 있는 삶은?	
3. 지금부터 10년 안에 성취하고 싶은 것	
4. 지금부터 5년 안에 이루고 싶은 것	
5. 금년 말까지 이루고 싶은 것	
6. 이번 달에 이루고 싶은 것	
7. 이번 주에 하고 싶은 것	

2 내 꿈의 변천사

	나의 꿈	나의 꿈에 영향을 미친 사람
초등학교		
중학교		
고등학교		
대학교		

출처: 김대극 外, 미래를 준비하는 자기설계로드맵, 재구성.

꿈은 날짜와 함께 적어 놓으면 그것은 목표가 되고
목표를 잘게 나누면 그것은 계획이 되며
그 계획을 실행에 옮기면 꿈은 이루어진다.

그래그 S. 레잇

Dream is now here(꿈은 바로 지금 여기에 있다.)

가난한 집안에서 태어난 형제가 있었습니다. 같은 환경에서 자란 두 사람은 너무도 다른 삶을 살게 되었습니다. 형은 거리의 걸인 신세를 면하지 못했지만, 동생은 박사 학위를 받고 훌륭한 대학 교수가 되었습니다.

한 기자가 이들의 사정을 듣고 어떻게 똑같은 환경에서 이렇게 다른 인물이 나오게 되었는지 연구하게 되었습니다. 오랜 연구 끝에 기자는 특이한 액자 하나를 발견하게 되었습니다. 형제가 자란 집에는 'Dream is nowhere(꿈은 어느 곳에도 없다).'라고 적힌 조그만 액자가 있었습니다. 꿈이 없다니...? 기자는 형제에게 그 액자가 기억나느냐고 질문을 던졌습니다. 형은 이렇게 대답했습니다.

"네. 있었죠. Dream is nowhere(꿈은 어느 곳에도 없다).

20년 넘게 우리 집에 있던 액자였죠. 전 늘 그것을 보며 자랐어요."

인생에서 성공을 거둔 동생은 미소 지으며 이렇게 대답했습니다.

"네. 있었죠. 하지만 저는 띄어쓰기를 달리 해서 보았죠.

Dream is now here(꿈은 바로 지금 여기에 있다).

전 늘 그렇게 생각하며 자랐죠."

여러분은 살아가면서 어떤 생각과 말을 사용하고 있습니까?

부정적인 생각과 말을 하고 있습니까? 아니면 긍정적인 생각과 말을 하고 있습니까?

모든 것에서 가능성과 긍정적인 것을 찾아내는 사람…

바로 그 사람의 인생에, 아름다운 성공의 교향곡이 연주되는 법입니다.

언제나 긍정적인 생각으로 우리의 삶을 행복하게 만들어 가는 우리 모두가 되었으면 합니다.

좋은 글 중에서

Work Sheet

나의 진로 로드맵 만들기

'5년을 기다리는 모죽'

　대나무 중에 최고라는 '모죽'은 씨를 뿌린 후 5년 동안 아무리 물을 주고 가꿔도 눈에 띄는 변화가 없다. 살아있는지 혹은 죽었는지 존재감이 희미해질 무렵, 어느 날 갑자기 하루에 70~80cm씩 쑥쑥 자란다. 5년간의 준비기간을 거쳐 드디어 하늘을 향해 고개를 내밀고 6주 동안 쉬지 않고 초고속으로 성장하는데 나중에는 그 길이가 무려 30미터에 달하게 된다. 대체 5년이란 긴 시간 동안 그 씨앗은 어떻게 생존해 왔을까? 모죽의 생태를 연구한 학자들은 그 뿌리가 땅 속 깊이 사방으로 수 십 미터나 넓게 뻗어나가 자리 잡고 있다는 사실을 밝혀냈다. 5년 동안 땅 속 깊은 곳에서 조용히 숨죽이고 사방으로 뿌리를 뻗어 주변 10리가 넘는 땅에 견고하게 내실을 다지고 있었다는 말이다.

　물을 끓일 때도 이와 비슷한 현상을 관찰할 수 있다. 표면적으로는 거의 변화가 없다가 서서히 온도가 높아지면서 어느 순간에 폭발하듯 기포가 올라오며 끓기 시작한다. 이처럼 모든 사물에는 임계점이 있다. 임계점(臨界點, Critical point)이란 영어로 직역하면 '결정적 순간'이다. 임계점까지 도달하는 데에는 많은 시간과 에너지가 필요하지만 일단 그 선만 넘으면 거침없이 성장할 수 있는 힘을 갖게 된다. 오랜 준비를 거쳐 당당히 세상에 모습을 드러내고 모든 에너지를 쏟아 부으면 누구도 막지 못한다. 다만, 그 임계점에 도달할 때까지 극한의 상황을 견뎌내는 것이 어려울 뿐이다. 폭풍성장은 끝까지 포기하지 않고 숨죽이며 기다릴 줄 아는 자만이 누릴 수 있는 권리이다.

향기있는 좋은 글

4차 산업시대의
인성과 진로 및 취업

Chapter 07

경력(커리어) 디자인

01 경력개발의 필요성

대학생들은 다양한 경력개발을 통해 급변하는 환경에 적응하고 생존을 위한 경쟁력에 힘을 기울여야 한다. 또한 졸업 후 바로 적용되는 현장 직무 실행능력을 길러야 한다. 개인의 역량과 소질을 잘 파악하여 직업세계로의 진입을 성공적으로 이끌도록 노력해야 한다.

Super의 진로발달론(developmental theory)의 생애 단계

- 성장기: 0~14세
- 탐색기: 15~24세 자아검증, 역할시행, 직업적 탐색
- 확립기: 25~44세 적합한 분야에 대한 진로 결정
- 유지기: 45~65세 정해진 직업에 정착 유지
- 은퇴기: 65세 이후 은퇴 (제2 인생설계)

1) 나의 커리어 디자인

❶ 내가 가진 자원

스펙(Spec)*, 자신의 경험, 장점을 활용하여 커리어를 디자인

*스펙
구직자 사이에서 학력, 학점, 자격증, 토익점수 등의 평가요소들을 통틀어 이르는 말

❷ 커리어 목표 설정

단기 목표

중기 목표

장기 목표

02 경력개발의 설계

1) 자격증

❶ 자격증은 인증기관에 따라 분류

🌱 국가자격: 국가가 법률에 따라 부여하는 자격

🌱 민간자격: 민간단체가 임의로 부여하는 자격

🌱 국제자격: 인증 단체가 해외 기관인 자격이며 해외에서도 자격 취득에
　　대한 인정

나의 경력개발에 필요한 자격증을 조사해보자.

자격증 종목	시험과목	시험일자	시험장소	시행기관

2) 외국어 능력

표 7-1_ 외국어 능력 시험

구분		내용
영어 필기 시험	TOEIC	영어가 모국어가 아닌 사람들을 대상으로 하는 비즈니스 의사소통으로서의 실용 영어능력을 측정, 평가하는 시험
	TOEFL	미국, 캐나다 등의 영어권 국가에서 유학 및 국내외 기관에서 취업, 승진 등에 활용하며 대학 학업에 필요한 읽기, 말하기, 쓰기, 듣기 영역의 영어능력 측정
	TEPS	교육부에서 공인한 국가공인 영어능력 검정시험(제2007-10호)으로서 601점 이상 취득
영어 말하기 시험	OPIC	영어로 말하기 시험. 언어수행 능력을 평가
	TOEIC Speaking & Writing Tests	영어로 말하기 능력과 쓰기능력을 측정하는 시험 총 7문항의 질문에 약 20분 동안 인터넷 기반으로 진행
일본어	JLPT	일본어 능력평가시험
중국어	HSK	중국어 능력평가시험. 중국 정부 유일의 국가급 표준화 고시

Work Sheet

나의 외국어 시험 준비 학습 계획안

학습 계획	내 용
외국어 시험 종류	
나의 목표 점수	
희망하는 입사기업의 어학시험 종류와 점수는?	
외국어 시험 준비를 위한 방법	

3) 동아리 활동

최근에 이슈화되고 있는 동아리는 취업역량을 향상시킬 수 있는 어학 동아리나 공모전, 자격증, 창업 동아리 등이다. 적극적인 동아리 참여활동을 통해 선, 후배 간의 인간관계 형성과 다양한 역할 수행으로 인한 동아리 활동은 취업, 진로, 창업에 중요한 디딤돌이 될 수도 있다.

4) 아르바이트

학생의 신분으로서 자신에게 긍정적인 영향을 줄 수 있고 전공이나 특기를 살려서 경력에 도움이 되는 아르바이트를 선택함에 있어서 신중을 기해야 한다. 최근에는 아르바이트를 경력으로 인정하여 정규직으로 뽑는 기업이 늘고 있다. 현장에서 실무를 익힌 이들을 채용하는 것이 경쟁력에 도움이 된다는 판단에서이다.

Work Sheet

전공 경력에 연계되는 아르바이트를 조사해보자.

❶

❷

❸

❹

❺

5) 인턴십

❶ 국내 인턴십

인턴십은 학교에 재학하고 있는 학생이 일정기간 현장에서 실무를 체험, 실습하는 제도이다. 인턴십은 대학에서 배운 이론을 기업의 실무에 적용해 보는 과정으로 기업에서 요구하는 실무능력을 배양할 수 있는 좋은 기회가 된다. 현재 많은 기업들이 대학 재학생을 일정기간 인턴으로 채용한 후 인턴기간의 업무 성과가 우수한 인턴사원을 정식사원으로 채용하는 인사제도를 시행하고 있다.

❷ 해외 인턴십

선진국에서 일반적으로 실시되고 있는 인턴십 프로그램은 국내에서도 취업시장의 변화와 글로벌 경영환경에 맞는 인재에 대한 수요가 급증함에 따라 외국어와 전공 관련 실무지식을 배울 수 있는 좋은 기회로 인식하고 있다.

해외 인턴십의 최대 장점은 외국에서 외국어를 익히면서 실무경험을 쌓을 수 있다는 것이다. 외국어를 잘하지 않아도 인턴십에 참여하는 것이 가능하지만 현지 언어에 익숙하지 않다면 전문적인 업무 분야보다는 단순 업무를 수행하게 되므로 사전에 어학실력을 쌓고 난 후 도전하는 것이 바람직하다.

6) 봉사활동

기업에서 원하는 인재상은 바른 인성을 가진 전문직업인이다. 사회봉사는 개인뿐만 아니라 사회 전반에 팽배해져 있는 이기심을 사랑과 나눔으로 순화시켜주는 역할과 함께 입사지원자들의 사회봉사활동은 눈앞에 보이는 작은 이익이나 실적에 연연하지 않는 자세, 이타적이며, 배려하는 마음, 팀워크, 나눔의 마인드 등을 확인하는 방법이기 때문이다.

해외봉사활동은 해외경험과 봉사활동이라는 두 마리 토끼를 동시에 잡을 수 있기 때문에 적극적인 참여를 고려해봐야 할 것이다. 방학기간 2~3주의 단기 해외봉사활동이 적당하며, 대학별로 실시하는 봉사활동에 지원하거나 NGO단체, 기업 등에서 주관하는 해외봉사활동에 참여하면 된다.

❶ 기업체의 봉사활동에 대한 관점

❷ 사회 봉사활동 가산점 부여 이유

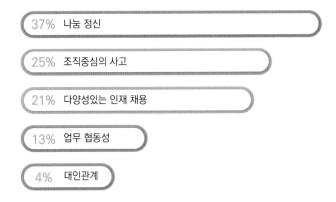

출처: 김영진 외 자아실현을 위한 대학생활 설계(2010)

❸ 봉사자의 자세

자원봉사활동을 하는 목적을 분명히 알고 처음의 순수함을 돌보는 자세를 갖는다. 긍정적인 생각을 가지고 타인에게 모범을 보일 수 있는 성품을 지닐 수 있도록 노력한다. 다른 사람들을 보살피고 맡은 바를 성실히 이행한다.

🌱 **책임감**

자발적으로 하는 행동이므로 스스로 책임감을 가지고 주어진 일에 최선을 다한다.

🌱 **성실성**

효율적이고 효과적인 활동 결과를 얻을 수 있도록 업무를 수행한다. 이를 위해 각 활동내용을 미리 점검하고 활동내용을 기록해 두는 습관을 갖는다.

🌱 **약속이행**

자원봉사자와 봉사를 받는 사람, 시설이나 기관과의 약속이라 할 수 있는데 이는 책임의 문제와도 연결된다.

🌱 **배우려는 자세**

자신의 기술이나 인격의 지속적인 성장을 추구하며 봉사하고 있는 사회문제와 서비스를 받는 수혜자로부터 배우고 이해를 넓히려는 노력을 한다.

🌱 **비밀준수**

활동하는 기관이나 대상자에 대한 비밀을 지킨다.

🌱 **협력**

문제해결을 위해 기관, 봉사대상자, 동료자원봉사자와 협력한다.

7) 공모전

이력서에 공모전 수상경력을 한 줄 넣는다면 확실히 자신을 차별화시킬 수 있다. 일반적으로 기업공모전에 입상하게 되면 자사 지원 시 가산점을 주거나 인턴십 기회를 주는 등의 채용 특혜를 주며, 타사 지원 시에도 좋은 경력이 될 수 있다.

8) 워킹홀리데이

워킹홀리데이 비자란 '일하면서 여행을 할 수 있는 비자'라는 뜻으로 현지에서 일해서 번 돈으로 여행도 하고, 영어공부도 할 수 있는 비자조건을 말한다. 워킹홀리데이 비자는 만 18세에서 30세의 사람에게만 발급하며 각 해당국에 한하여 평생 1회 발급받을 수 있으며, 1년간 체류가 가능하다. 일본을 제외하고는 체류기간 중 3개월까지 어학연수도 가능하므로 영어 연수 기회도 제공된다.

워킹홀리데이 협정 체결국가 및 지역(2022. 현재 24개국)

출처: 외교부 워킹홀리데이 인포센터

Chapter 08

실전
취업 전략

 성공적인 취업과 준비활동

직업은 삶에서 매우 중요한 부분을 차지한다. 성공하는 삶이 되려면 자신의 능력을 발휘할 수 있는 직장에서 필요한 인재로서의 역할과 자아실현을 위해 부단히 노력해야 한다. 취업을 준비하면서 어려운 취업난에 적극적으로 대응하기 위한 직무분석과 취업전략을 위해 직업 준비활동을 살펴보고 분석하여 각 단계에 맞는 준비로 올바른 전략을 세워보자.

1 미래사회 변화 및 취업 전망

1) 미래사회의 변화

자신의 진로를 계획하는데 있어서 미래사회를 조망해보는 것은 필수적이라 할 수 있다. 따라서 다가올 변화를 미리 예측하고 준비하는 것이 매우 중요하다. 변화의 물결 앞에서 무방비 상태로 있다가 어려움을 겪거나 주저앉지 말고 적극적으로 변화를 수용해서 대처하는 것이 무엇보다 필요하다.

- 미래사회는 기존 직업이 소멸되고 새롭게 생성되는 급변하는 사회
- 우리나라는 알파고 충격(2016년) 이후로 인공지능에 대한 관심이 높아짐.
- 기계 발달이 가져온 삶의 변화는 변화를 주도하는 것은 인간이 아닌 기계
- 새로운 직업 가치 창조를 위해서는 - 창의적인 교육, 개방성, 유연한 사고가 필요.
- 인간과 기계가 서로 향상을 돕는 시대이며, 기계가 인간의 필요와 욕구를 충족시켜 주는 시대이기도 하다.

🌱 미래사회의 모습

인간과 기계가 서로 친밀해지고
서로의 향상을 돕는 시대

공존의 시대
(Symbiotic Age)

Human

Digital

기계가 인간의 필요와 욕구를
충족시키는 시대

2) 미래 사회의 모습 - 촘촘히 연결된 사회

🌱 세계화(Globalization)

- 세계가 경제적, 심리적으로 빠르게 하나로 상호 연결되고 통합됨.
- 촘촘한 연결망은 세계와 인류의 삶을 가속적으로 연결시켜줌.
- 융합적 문화를 형성: 인위적인 장벽 제거, 세계가 거대한 단일시장으
  로 통합(제도, 사고방식, 도덕, 사회적 관행, 생활양식, 라이프 스타일 등)

사례 공장에 직원 1500명, 로봇직원 3000대

日 산업용 로봇 제조업체 '화낙'

- 전 세계 로봇시장 점유율 50%, 화낙의 로봇은 최신기술의 집합체
- 로봇 스스로 공부하는 '머싱러닝' 기술 탑재
- 로봇 스스로 최적의 생산 방식 찾아냄
- 알파고가 이세돌을 제압할 수 있었던 것도 '머싱러닝' 덕분
- 사물 인터넷 기능 적용 – 언제 고장 날지 미리 예측
- 로봇끼리 일 나눠 부담 덜고 상호 보완 가능

출처: 조선일보 2016년 7월 30일

2 직업세계의 변화

직업의 다양화에 따라 직업의 변화가 필수적이다. 새로 생성되는 직업과 사라지는 직업이 있다. 직업세계의 변화를 인식하고 연구하는 것은 진로를 선택함에 있어 매우 중요한 부분이다.

🌱 일생 동안 일에 대해

3개 이상의 영역에서
5개 이상의 직업을 가지고
12~25개의 서로 다른 직무를 경험하게 된다.

하워드 가드너 교수의 미래사회 인재상

- 주요 과목의 학문적 지식을 잘 갖춘 사람 (A Disciplined Mind)
- 종합할 줄 아는 사람 (A Synthesizing Mind)
- 창조적인 사람 (A Creative Mind)
- 존중할 줄 아는 사람 (A Respectful Mind)
- 책임감이 높고 윤리적인 사람 (An Ethical Mind)

출처: Howard Gardner(2005)

Work Sheet

미래 변화하는 사회에 대비하기 위한 방법으로 아래 질문에 대해 생각해보기.

1. 내가 가진 능력은 무엇인가? (What are my qualifications?)

2. 나의 목표는 무엇인가? (Where do I want to go?)

3. 나는 무엇을 원하는가? (What do I want?)

4. 나는 무엇을 어떻게 해야 하는가? (What and how do I have to do?)

02

취업성공을 위한 분석

💡 취업전략

　취업을 하려면 구직자가 단순히 자신의 기본적인 학업 성적과 스펙만 가지고 무작정 지원하는 것이 아니라 자신이 지원하고자 하는 직무가 어떤 일을 수행하는지를 사전에 분석하여 이해도를 높여야 한다. 이는 구직활동 중 기본에 해당하는 중요사항이다.

1 성공취업을 위한 3가지 분석

1) 기업분석

❶ 기업분석 의미

- 기업이 어떤 인재를 원하는지, 기업에서 원하는 것이 무엇인지 분석해 보는 것

❷ 기업분석의 중요성

- 다양한 기업정보 얻을 수 있는 기회 - 기업 선택의 폭 확대
- 지원 회사에 대한 높은 관심도 - 면접관에게 좋은 이미지
- 취업률 높이기 위한 기업 분석은 필수
- 기업에 대한 정보 수집 량에 따라 (대기업 + 중소기업) 다양한 기업정보 수집

❸ 기업분석 방법

- 기업 홈페이지, 경제연구소, 통계청 분석
- 뉴스기사 분석 스크랩
- 사업보고서 분석 (NICE평가정보원 기업분석자료 사이트)

❹ 기업분석 내용

- 정확하고 객관적인 정보 인식
- 기업인재상, 경영이념. 핵심가치
- 회사 스토리 (설립 배경 등)
- 대표자 철학 통해 기업 전략, 방향 인식
- 기업 재무 사항, 규모 분석
- 과거 채용정보 조사

❺ 기업의 인재상 변화

좋은 인재 ➡ 적합한 인재

- 전문성을 갖춘 창의적 인재
- 직무 중심, 정보, 지식형 인재
- 개방적 글로벌 인재
- 실행력 갖춘 프로 전문가
- 자기 주도적으로 업무수행

사례　삼성그룹 인재상 - 몰입, 창조, 소통의 가치 창조인

- 열정과 몰입으로 미래에 도전하는 인재
- 학습과 창조로 세상을 변화시키는 인재
- 열린 마음으로 소통하고 협업하는 인재

2) 자기분석

자신에게 가장 적합한 직업과 직장을 가지려면 자기분석이 우선적으로
필요하다. 그러나 자신을 객관적으로 분석하는 것은 쉽지 않은 일이다. 자기
분석을 하지 않고 취업을 준비할 경우, 자신의 적성, 흥미와 맞지 않은 지원
을 하게 될 가능성이 크다.

💡 자기분석 3단계

🌼 자기분석표

	내 용
대학 전공	
실무 경험	
동아리/ 봉사활동	
아르바이트	
자격증	
직업에 대한 가치관	
기타	

🌼 사회 진출 계획서

내가 하고 싶은 일	
내가 일하고 싶은 곳	
내가 취득해야 하는 자격증	

3) 직무분석

❶ 직무에 대한 이해

직무란 직책이나 직업상 담당자에게 맡겨진 임무, 또는 책임을 지고 담당하여 맡고 있는 업무, 즉 같은 사무실에서 일을 하는 사람들이지만 재무, 인사, 영업 등 각자 서로 다른 일을 직무라고 한다.

표 8-1_ **직무 분야 및 직무 종류**

직무 분야	직무 종류		
1. 경영지원	기획, 전략, 회계, 경리, 자금, 재무	구매, 자재, 홍보 광고, 인사, 교육	총무, 법무, 비서, 사무보조
2. 영업/유통	영업, 영업관리, 해외영업, 무역	마케팅, 상품개발, 물류, 유통	판매, 매장관리, TM, 고객지원
3. 생산/연구	생산관리, 생산기술	생산, 기능직, 연구개발	품질관리, 환경, 안전
4. IT/전산	웹마스터, 기획, 웹디자인	프로그래머, 시스템 분석, 설계, 네트워크 관리	통신기술, 모바일, 일반기업 IT직
5. 디자인	그래픽디자인, 제품디자인	캐릭터디자인	패션디자인, 편집디자인
6. 서비스	승무원, 관광, 호텔리어	안내	텔러, 금융창구, 외식서비스
7. 전문/기타	건축, 토목, 인테리어, 금융, 대출보상	광고기획, 출판기획, 기자, 아나운서, PD	강사, 간호사, 의사, 조리사, 영양사

🔆 7가지 직무 분야

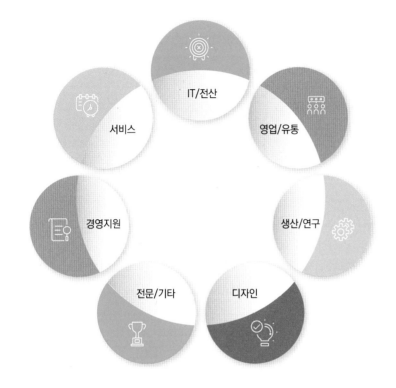

IT/전산

영업/유통

생산/연구

디자인

전문/기타

경영지원

서비스

② 직무준비 방법

- 직무관련 서적 읽기
- 실제 해당 직무자와 대화
- 인터넷, 블로거 검색(최신정보 위주)
- 취업을 원하는 직무와 기업의 인턴십 활용

🔆 7가지 직무 분야

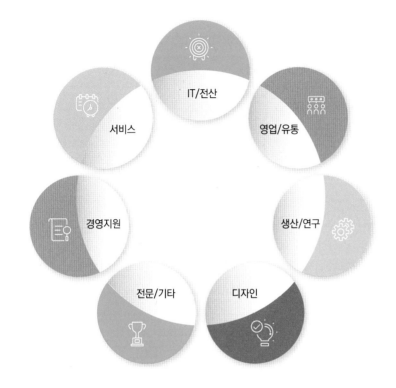

② 직무준비 방법

- 직무관련 서적 읽기
- 실제 해당 직무자와 대화
- 인터넷, 블로거 검색(최신정보 위주)
- 취업을 원하는 직무와 기업의 인턴십 활용

Chapter

08

실전 취업 전략

175

기업에서 원하는 직무실행을 위한 직업기초능력

1. 자원활용능력

2. 대인관계능력

3. 정보관리능력

4. 의사소통능력

5. 기술활용능력

6. 문제해결능력

7. 자기개발능력

Work Sheet

1. 취업 기업 정보를 분석해보고 취업전략을 세워보자.

2. 목표하는 취업 기업의 인재상을 알아보자.

3. 나만의 차별화된 취업전략을 세워보자.

4. 자신에게 맞는 직무를 분석해보자.

4) 이력서

❶ 성공하는 이력서 작성법

이력서란 지원자의 신상명세와 경력, 이력이 담긴 양식이며 자신의 과거를 정리해서 입사하고자 하는 기업에 자신이 가장 적합한 인재라는 것을 알리는 서류이다. 지원기업에 규격화된 양식이 있을 경우 그 양식에 맞추어 작성하고 양식이 없을 경우 별도의 서식으로 작성하되 자신의 장점을 잘 나타낼 수 있도록 한다. 몇 장의 서류에 나의 모든 역량을 충분히 표현해야 하므로 전략이 필요하다.

💡 취업에 떨어진 이유

28%	내 실력이 부족해서
26.7%	회사가 나의 능력을 알아주지 않아서
17.3%	이력서, 자기소개서 작성 실수로
11.9%	잘 모르겠다
11.5%	기타
4.6%	운이 없어서

- 명확한 목표와 일관성을 가져 자신에 대한 확신과 신뢰를 보여주도록 한다.
- 맞춤 이력서로 기업에 대한 정확한 인재상이나 정보를 숙지한 후 기업에 맞게 작성한다.
- 본인의 경험을 중심으로 작성하며 실제 수행했던 과제나 업무, 프로젝트 등을 자세히 기록한다.

📎 논리적인 사고, 창의적인 아이디어로 주어진 문제를 해결할 수 있고, 어떤 어려운 난관에도 굴하지 않고 성취를 이뤄낼 수 있는 자세가 되어 있는 사람을 기업에서는 원한다.

4차 산업시대의 인성과 진로 및 취업

- 지망하는 직무에서 필요한 능력과 역량 위주로 작성한다.
- 기본에 충실하고 오타 등을 꼼꼼히 확인한다.
- 간단명료하게 작성해서 읽는 사람을 배려한다.
- 지원한 파일은 반드시 보관한다.
- Selling point(강조점): 좋은 학벌이나 스펙만으로 부족하다. 자신을 꼭 채용해야만 하는 이유를 인사담당자에게 효과적으로 전달할 수 있어야 한다.

첫 인상인 이력서 – 이력서의 중요성

지원자의 입장	기업의 입장
• 마케팅 도구 　- 나란 사람은 이런 사람 • 제품설명서 　- 나를 어떻게 이용할 수 있나 • 나의 살아온 일대기 　- 무엇을 하며 살아왔나 • 면접기회 부여, 면접기본 토대	• 지원자의 종합적 요약서 • 지원자의 선발비교 도구 • 제품설명서 　- 누구를 어떻게 이용할 수 있나 • 지원자를 선택하게 하는 광고 전단지 • 면접 기회제공 & 면접 기본토대

출처: 취업과 진로설계(2015), 엄경아 외.

이력서 작성요령

전체구성		편집, 수정	
정직한 이력서 전략적인 이력서	기본, 형식에 충실 성과중심의 수치화	오타, 실수 없애기 편집, 읽기 편하게	속어, 은어, 채팅언어금지, 페이지 번호, 복사본 준비

◎ 사진

- 사진은 인사담당자의 시선이 제일 먼저 가는 곳이다.
- 최근 3개월 이내에 촬영한 것으로 준비한다.
- 의상은 기본적으로 정장 차림으로 한다.
- 과도하게 수정한 사진은 피하는 것이 좋다.

◎ 응시부분 및 기초자료

- 응시부분은 기업에서 가장 기본적으로 중요하게 생각하는 부분이므로 정확하게 기입한다.
- 지원자의 이름과 연락처 등 지원자의 인적사항을 세밀하게 기록한다.
- 신입사원인 경우 희망 연봉 란에는 빈칸으로 두기보다 사전에 정보조사를 통해 비슷한 수준으로 제시하던가, OO만원, +, - 등으로 기록한다. 또는 '회사 내규에 따름' 등으로 적는 것도 무난하다.

◎ 학력사항

- 고등학교부터 기록하되, 최근 학력부터 쓰도록 한다.
- 학력 란에서 중점적으로 보는 부분은 전공, 학교, 학점(백분율, 평점) 등이다.

◎ 경력사항

- 신입사원인 경우 직장경험이 없기 때문에 빈칸을 두거나 아르바이트까지 적는데 자신이 지원하고자 하는 분야와 연관 있는 내용을 기입한다.
- 해외연수 경험이 있으면 기록하되, 성과는 결과에 중점을 두고 기입한다.

◎ 자격 및 특기사항

- 각종 면허나 자격증 취득사항을 연도순으로 기입하고 반드시 취득일과 발행기관을 명시해야 한다.
- 자격증은 증빙서류를 원하는 기업도 있으므로 정확하게 기록한다.
- 기사항은 추상적으로 작성하지 않고 업무와 관련해 어떤 영향이 있는지 구체적으로 연관시켜 작성한다.
- 상벌사항은 교내외 행사나 대회 수상 경력이라도 지원회사의 업종과 연관해서 뜻밖의 효과를 가져 올 수 있으므로 기재할 필요가 있다.

◎ 사회봉사활동, 동아리 활동

- 각종 사회봉사활동 경험과 동아리 활동들을 자세히 언급하는 것이 좋다.
- 사회봉사활동 실적을 취업에 도움이 되게 하기 위해서는 봉사활동 확인서를 해당 기관에서 발급받아 두는 것이 좋은 방법이다.

◎ 모든 내용을 기재 후

- "모든 내용은 사실과 다름이 없습니다."라고 기입한 후 하단에 작성년, 월, 일과 본인 성명을 쓴 후 서명을 하거나 도장을 찍는다.
- 온라인 입사 서류인 경우 대부분 서명을 생략한다.

💡 이력서 견본

이 력 서

〈사진〉	성 명	(한글)		(한문)	
	주민등록번호				
	E-mail				
	전화번호		휴 대 폰		
	우편번호		구 분	신입 / 경력	
	주 소				
호적관계	호주성명		호주와의 관계		

신 상	최종학력		결혼여부		종 교	
	신 장	Cm	체 중	Kg	혈액형	
	시 력		취 미		특 기	

	입학년월	졸업년월	학교명	전공	학점	졸업구분	소재지
학 력	년 월	년 월	고등학교			(졸업/중퇴/졸업예정)	
	년 월	년 월	전문대학			(졸업/중퇴/졸업예정)	
	년 월	년 월	대학교			(졸업/중퇴/졸업예정)	
	년 월	년 월	대학원			(졸업/중퇴/졸업예정)	

	입사년월	퇴사년월	근무기간	회 사 명	근무내용	퇴사사유
경 력	년 월	년 월	년 개월			
	년 월	년 월	년 개월			
	년 월	년 월	년 개월			

	취득일자	종류	발급기관	O A 능 력			
자 격 사 항	년 월 일				워드(한글/MS워드)	상 중 하	
					프리젠테이션(파워포인트)	상 중 하	
					스프레드시트(액셀)	상 중 하	
					인터넷활용	상 중 하	

	관계	성명	연령	근무처	직위	동거	외 국 어 / 연 수	언어	능력	공인시험
가 족 사 항								영어	상중하	
								일어	상중하	
								지역	사유	기 간

위의 모든 기재사항은 사실과 다름이 없음을 확인합니다.

년 월 일

지원자 (인)

5) 자기소개서

자기소개서는 이력서로 파악하기 어려운 부분을 알기 위한 목적으로 사용한다. 향후 면접에서 자기소개서를 바탕으로 지원자에 대한 정보와 질문하는 자료가 되므로 면접관의 관심과 궁금증을 유발하도록 작성한다. 기업에서 인사채용의 원칙은 가장 우수한 사람을 원하는 것이 아니라 회사구성원으로서 역량에 가장 부합되는 사람으로 지원사와 직무분야에 적합한지를 평가한다.

TIP

자기소개서로 인사담당자 사로잡기
- 자기소개서는 자신을 알리는 '한 장 승부'이다.
- 이 지원자만큼은 꼭 만나서 면접을 보고 싶다.
- 중요 포인트: 내가 이 회사 맞춤형 인재다.
- 광고 카피처럼 참신한 첫 문장으로 시작해야 한다.
- 직무에 대한 자신감을 표현
- 본인만의 경쟁력
- 명확한 지원동기

❶ 자기소개서 구성 항목

자기소개서의 구성 항목의 황금비율은 1-1-2-4-2의 법칙을 적용해서 작성한다. 자기소개서 내용은 성장과정, 성격의 장단점, 경력 및 학교생활, 지원동기, 입사 후 포부 등이다. 전체를 10으로 보았을 때 성장과정과 성격의 장단점이 각각 1의 비율로 학교생활과 경력사항 2, 지원동기가 4, 입사 후 포부 등을 2의 비율로 한다.

🌱 **성장과정**

- 자신을 부각시키면서 공감을 불러일으킬 수 있는 구체적인 경험을 배경으로 작성한다.(가족사, 인생의 전환, 새로운 학문분야 선택 등)
- 면접관은 지원자의 가정교육을 통해 정상적인 사회구성원으로 성장했는지 파악한다.
- 지원 업무에 도움이 될 수 있는 내용을 주제로 선정, 성장과정에서 그러한 특성을 자연스럽게 익힐 수 있었던 점을 기술한다.

좌우명, 가치관 + 구체적인 사례, 경험, 에피소드 등 + 느낀 점

단점기재 사례
• 지나치게 꼼꼼한 성격이다.
• 매사에 너무 진지한 편이다.
• 일 욕심이 너무 많다.
• 남에게 싫은 소리를 못한다.
• 생각이 많아서 빨리 결정하지 못한다.

💡 성격의 장단점

• 성격의 장점은 지원한 직무와 관련되는 점을 찾아 기재한다.

• 단점 언급 시 솔직하고 간단하게 기록하되, 노력하여 개선해 나가고 있음을 표현한다.

• 치명적인 단점은 기재하지 않는다.

(단점 기재 시 피해야 할 사항: 대인관계문제, 문제해결능력 미비, 성실하지 못한 점)

(성격의 장점 + 장점에 대한 사례) + (성격의 단점 + 극복노력)

💡 경력사항 / 학교생활

• 지원분야와 관련된 학교생활의 전공과 부전공, 동아리활동 등을 기록한다.

• 여러 활동을 통해 무엇을 경험하고 배웠는지에 대해 언급한다.

• 여러 가지 경력사항을 기술한다.

핵심 경력사항 또는 활동사항 + 구체적인 직무내용, 성과 + 배운 점

💡 지원동기

• 지원 동기는 자기소개서 항목 중에서 가장 중요하다.

• 지원동기는 눈에 띄게 문맥을 간결하고 짜임새 있게 구성한다.

• 지원기업과 지원분야에 대한 다각적인 분석을 통해 작성한다.

(기업 홈페이지, 블로그, 경제연구소, 뉴스, 통계청을 통해 철저히 분석)

• 기업분석을 위해서는 신문부터 읽어라.(업계의 트랜드를 읽을 수 있다.)

• 분석된 자료와 자신의 전공과 능력을 지원동기와 연결하여 지원 기업 발전에 어떻게 도움이 될 것인지를 구체적으로 기술한다.

- 자신의 인생관과 비전 등 지원기업의 경영철학, 인재상과 연관시켜 에피소드 중심으로 기재한다.

관심분야 + 자신의 인생관, 비전 + 지원기업 연결 +
기업 인재상과 연관 + 기업 발전기여

🌱 입사 후 포부

- 지원하는 기업의 업종, 특성을 고려해 자신의 포부 및 비전을 명시한다.
- 실현가능한 설계를 단기, 중기, 장기적으로 목표를 세우고, 그러한 목표를 수행하기 위한 전략도 체계적으로 제시한다.

자신의 포부와 비전 제시 + 단계적 목표 설정 + 목표 수행 전략 제시

🌱 자기소개서 작성 시 유의사항

- 자기소개서는 계속적으로 수정, 보완하여 완성도를 높여 나간다.
- 지원기업의 특성에 맞게 작성한다.
- 자기소개서 각 항목에 헤드라인을 넣어라.
  면접관들에게 나의 강점을 알리기 위해서는 반드시 인상적인 문구인 헤드라인을 삽입하여 관심을 끌게 하라. 헤드라인 주제 문구*를 독특하고 창의적으로 구성한다.
- 확신없는 표현은 버리고 모호한 표현 삭제(~인것 같습니다. ~하는 편입니다.)
- 해당 분야의 경력이나 실적 및 경험을 최근 중심으로 작성한다.
- 문법에 맞고 오탈자가 없도록 주의한다.
- 중복되지 않는 내용으로 작성한다.

📎
헤드라인 문구 사례
- 첫 번째 펭귄(용기 있는 도전 사례)
- I'm possible: Yes, I'm possible
- 오늘 걷지 않으면 내일 뛰어야 한다.

- 회사가 원하는 인재임을 표현하라.

  자신이 하고 싶은 말을 나열하는 것이 아니라 회사에서 원하는 인재로 자신이 준비되어 있음을 보여주어야 한다.

- 결론을 먼저 제시한다.

  강조하고 싶거나 자신이 가장 내세우고 싶은 것, 성과가 큰 것, 인상적인 것 등을 먼저 제시하는 것이 시선을 집중시키는 효과가 있다.

- 다른 사람에게 보여줘라.

  인사 관련 실무자, 선배, 친구 등에게 미리 보여주어 읽어본 소감이나 바로 잡아야 할 사항에 대해 들어보고 수정하여 작성한다.

- 자기비하, 자기연민은 금물이다.

- 결과보다는 과정에 집중한다.

  직무역량에 필요한 경험은 중요하다.

- 필요없는 대명사, 주어 버리기(나는, 그, 이, 저)

- 상황설명 줄이고 임팩트있고 간결하게 표현한다.

- 구체적으로(실적 중심, 숫자 강조)

Work Sheet

자기소개서를 작성해 보자.

1. 성장과정

2. 성격의 장단점

3. 경력사항·학교생활

4. 지원동기

5. 입사 후 포부

❷ 자기소개서 클리닉

호감형 문장

1위	48.5%	이 회사 직무에 지원하기 위해 ~를 준비했습니다.
2위	27.1%	책임감을 갖고 있기 때문에
3위	23.9%	~했지만 ~을 통해 극복했습니다.
4위	22.1%	항상 웃음을 잃지 않고 긍정적으로~
5위	20.1%	몇 년 후 ~분야에서 전문가가 되고 싶습니다.

비 호감형 문장

1위	71.1%	엄격하신 아버지와 자상한 어머니 사이에서 태어나~
2위	48.0%	뽑아만 주신다면 무슨 일이든 하겠습니다.
3위	35.9%	귀사라는 단어가 반복되는 문장
4위	31.7%	솔직히 말씀드리면~
5위	27.4%	'저는, 나는'으로 시작되는 문장 반복
6위	22.1%	학창시절 결석 한 번 없이 성실하게 생활했으며~
7위	14.1%	귀사를 통해 발전하도록 하겠습니다.

출처: 박윤희(2013), 진로 탐색 및 직업 선택

🌼 감점 단어 및 문장

감점 단어	면접관의 느낌
• 굉장히, 매우	• 과장이 심함
• 다른 회사의 이름	• 불쾌함
• ~에 빠져서, ~만 하면서	• 융통성 부족
• 그럴지도 모릅니다.	• 우유부단함
• 소심해서, 의존적이어서	• 적극성이 부족함
• ~년 후에 MBA, 창업 등을 하고 싶다.	• 일 가르쳐놓으면 그만둘까?
• 어떤 일이든 시켜만 주신다면	• 하고 싶은 것도 없나?(준비가 안 되어 보임)
• 외골수처럼 보이지만, 고집이 센 편이나	• 팀워크가 중요한데 ……
• 이론에는 누구보다 강하다.	• 회사는 실전인데 ……

다음은 평범하지 않은 자기소개서로 어려운 취업관문을 통과한 사례

E여대 국문과를 졸업한 뒤 평범한 전업주부에서 서른여덟에 남편의 사업실패로 한 광고회사 모집공고를 보고 지원해 카피라이터가 된 한 여성의 실제 사례이다.

당시 경쟁률은 1,331대 1이었다. 그녀가 높은 경쟁률을 뚫고 입사할 수 있었던 것은 기발했던 자기소개서 덕분이었다. 그녀는 이력서 특기 란에 '멍하니 하늘 쳐다보기', 취미 란에는 '인상 쓰는 사람 간지럼 태우기'라고 썼다. 또 희망 연봉 란에는 '물질은 완전 초월'이라고 썼다. 그 여성이 바로 최윤희씨다. 물론 모든 지원 분야의 자기소개서가 이렇게 기발해야 하는 것은 아니다. 그녀가 지원한 분야는 특히 창의력이 많이 요구되는 카피라이터였다. 그녀가 그 어려운 관문을 뚫고 입사하게 된 것은 자신의 직무에 적합한 자기소개서를 작성했기 때문이다.

출처: 박윤희(2013), 진로 탐색 및 직업 선택

	자 기 소 개 서
	'공부하고 일해서 남 주자'
성장과정	저희 집의 가훈입니다. 공부하고 일해서 다른 사람들에게 베풀자는 뜻입니다. 가훈대로 관광버스를 운전하시는 아버지께서는 새벽에 일하러 나가시고 일이 없는 날에는 원룸을 운영하여 원룸에 관련된 일을 하십니다. 아버지께서는 하루도 편히 쉬시는 날이 없을 만큼 일을 찾아서 성실히 하십니다. 그러한 결과로 작년 11월 원룸이 8개인 집에서 원룸이 16개인 집으로 새로 집을 지어 이사를 했습니다. 저도 아버지의 성실함을 보고 자라 대학생활에서 복수전공으로 심리학을 하였습니다. 또한, 학업과 병행하며 음악 심리 지도사 2, 3급과 정신분열증 환자들의 사회복귀시설 실습, 방학에는 장애인복지관이나 청소년캠프에 봉사활동을 하였습니다. '공부해서 남 주자'인 저희 집의 가훈을 마음에 새기고 주어진 일에 성실히 임하겠습니다.
	'성숙한 인격'
성격 및 장단점	저는 묵은지 같이 시간이 지나면 지날수록 깊이 숙성된 성격을 가졌습니다. 장남으로 4명의 동생들과 살다 보니 저절로 사람 간의 친화력이 생기게 되었습니다. 청소년기인 막내동생이 학교에서 친구가 자기를 따돌린다고 고민을 말할 때 누나 4명이 각자의 의견을 내면서 같이 해결방안을 고민하고 조율하여 그 친구에게 적극적으로 물어보자는 최종의견을 도출하였습니다. 어릴 때부터 동생들과 문제를 같이 고민하는 연습을 통해 단체생활에 있어서도 폭넓은 이해심과 열린 사고로 효율적인 팀워크를 이끌어 낼 수 있었습니다. 단점으로는 주어진 문제에 대하여 고민을 오래 하다 보니 결단력이 늦다고 보일 수 있습니다. 이런 단점을 개선하고자 고민하는 문제를 노트에 적는 습관을 길러 꼼꼼하고 빨리 결정할 수 있도록 노력하고 있습니다.
	'많은 생각보다 한 가지 실천을 하라'
지원동기	캠프에서 멘토로 봉사활동을 할 때입니다. 제가 맡은 팀의 학생들 중 활동 참여에 소극적이며 친구들과 어울리지 못하고 있는 한 아이가 있었습니다. 그 아이는 팀원끼리 의견을 나누고 만들고 협동하는 활동시간에도 의견을 내지 않고 바라보기만 했습니다. 그래서 제가 그 아이에게 다가가 말도 걸고 쉬는 시간에 친구들과 친해질 수 있도록 같이 게임을 하였습니다. 그 뒤로 그 아이는 친구들과 친해지고 활동에 적극적으로 변하기 시작하여 팀을 이끄는 아이가 되었습니다. 저는 이를 바탕으로 꼭 필요한 한 가지 실천을 하는 인턴사원이 되겠습니다.
	'win-win'
입사 후 포부	코이라는 물고기가 있습니다. 이 물고기는 작은 수족관에 넣어두면 7cm 정도 자랍니다. 하지만 좀 더 큰 수족관으로 옮기면 자신의 이동거리가 넓어진 것을 알아차리고 몸의 길이도 14cm 정도 자랍니다. 하지만 코이를 강물에 놓아두면 몸의 길이가 100cm를 훌쩍 넘어설 정도로 성장합니다. 자신이 처해 있는 환경에 따라 크기가 달라지는 것입니다. 저의 꿈도 이와 같습니다. 한국청소년리더십센터라는 강물의 일원이 되어 코이 같은 청소년들의 인성을 발전시키는 데 도움을 주며 함께 성장하는 사람이 되겠습니다.

출처: 한국청소년리더십센터, 재구성.

2 호감 주는 실전 면접 스킬

면접은 취업의 당락에 결정적인 영향을 미치는 마지막 관문이다. 따라서 시간이 흐를수록 까다롭고 어려워지고 있다. 자신을 있는 그대로 충실하게 보여주되, 면접관에게 호감 주는 강력한 첫인상을 심어주어 신뢰감을 줄 수 있어야 한다.

1) 면접의 의의 및 중요성

면접(面接)을 한자로 풀어보면 '얼굴을 접한다.'는 뜻이고 사전적 의미로는 마주(inter)본다(view)이다. 최근 들어 기업에서 면접을 중요시하는 것은 서류전형을 통해 지원자의 기초실력은 확인했지만 지원자의 적극적인 태도와 잠재력, 유연한 사고, 업무추진력, 성실성, 인성 등을 파악하기 힘들었기 때문이다. 지원자와 면접관이 직접 질의응답을 통해 지원자의 전반적인 능력을 평가하여 글로벌 사회에 적합한 인재를 채용하기 위한 방법이 면접이다.

또한 지원자에게는 서류나 필기에서 보여주지 못했던 자신의 재능을 잘 보여줄 수 있는 절호의 기회가 된다.

2) 면접의 목적

면접은 면접관이 일정한 평가기준을 가지고 인간적인 종합평가를 실행하는 것이다.

❶ 면접요령

💡 면접 대기 시간

- 면접은 대기실에서부터 시작된다.
- 조용하게 자기 차례를 기다리며 준비한 서류를 살펴보고 예상 질문에 대한 답변을 머릿속으로 최종 정리하며 기다린다.
- 긴장감 극복 방안 → 발성연습, 자기소개 연습
- 기업 홍보영상 시청과 오리엔테이션 진행시 집중하는 모습이 필요함.

💡 입실

- 문을 두 번 정도 노크한 뒤 들어가며 문에서 가벼운 목례를 하고 자신감 있게 걸어가서 정면에 앉은 면접관에게 허리를 굽혀 정중하게 인사한다.
- "안녕하십니까? 수험번호 ○○번 ○○○입니다."라고 분명하게 말한다.
- 면접관이 앉으라고 하기 전까지는 서 있으며 앉으라고 하면 "감사합니다."라고 밝은 표정으로 이야기 한 뒤 단정하게 앉는다.

💡 질의응답

- 답변 시에는 자신감 있게 면접장의 크기에 맞게 소리와 속도를 조절하고 정확하게 말한다.
- 목소리가 작거나 어미처리가 분명하지 못하면 자신이 없어 보인다.
- 준비한 예상 질문이 나왔다 하더라도 면접관의 말을 자르고 급하게 대답하는 것은 금물이다. 적어도 2~3초 생각하는 모습을 보이면서 신중하게 답변한다.
- 답변은 간단명료하게, 부족한 부분은 솔직하게 표현한다.
- 질문을 잘못 알아들었을 경우에는 당황하지 말고 정중하게 다시 묻는다.

🌱 표정 및 자세

- 면접 시 표정변화는 지원자의 위기대처능력 등을 평가하는 요소이기
  에 면접이 진행되는 동안 미소와 자신감 있는 표정을 유지하는 것이
  중요하다.
- 자세는 등과 어깨를 곧게 펴고 걸음걸이와 앉은 자세는 자신감 있는
  태도를 보여야 한다.

올바른 면접 자세

🌱 퇴실

- 면접이 끝나면 자리에서 일어나 "감사합니다."라고 정중하게 인사를
  한다.
- 자리에서 입구 쪽으로 바르게 걸어 나와 문 앞에서 다시 가벼운 목례
  를 하고 문을 열고 나온다.
- 면접이 끝난 뒤라도 행동이나 말을 조심한다.

❷ 프로세스 - 개인 면접

1. 미소 띤 얼굴로 노크한다.

2. 문을 열고 들어서며 그 상태에서는 면접관을 보지 않는다.

4. 면접관을 향해 몸을 돌려 미소를 짓고 가볍게 목례한다.

3. 입장 완료 후 두 손으로 문을 닫는다.

5. 상체를 바르게 하고 자신감 있게 걷는다.

6. 의자 앞에서 밝은 표정으로 정중하게 인사한다.

퇴장 시에는 입장 시의 반대로 6 → 5 → 4 → 3의 그림과 같이 퇴장한다.

7. 자리를 권하면 "감사합니다."라는 말과 함께 앉는다.

❸ 프로세스 - 집단 면접

1. 처음 입장하는 경우

2. 중간에 입장하는 경우

4. 입장 완료 후 정중하게 인사한다.

3. 마지막으로 입장하는 경우(문을 닫고 문앞에
   잠깐 서서 목례한다.)

🌸 인성면접

인성은 사람의 성품, 또는 각 개인이 가지는 사고와 태도 및 행동 특성
을 의미한다. 이러한 인성을 살펴보기 위해 기업에서는 인성면접을 실
시한다.

- 우리 회사에서 열심히 일하면서 회사를 위해 기여할 사람인가?
- 회사 내 사람들과 원만한 인간관계로 지낼 사람인가?
- 어려움을 잘 극복하고 헤쳐 나갈 수 있는 사람인가? 등을 파악한다.

❹ 면접 시 주의할 점

💡 농담을 하지 마라.

　　진지한 자리에서 농담을 해서 가벼워 보이는 이미지를 줄 수 있다.

💡 천장이나 바닥을 보지마라.

　　의욕상실이나 자심감이 결여된 모습으로 보이기 쉽다.

💡 말을 많이 하지마라.

　　말을 많이 하는 것이 좋은 것이 아니라 핵심적인 내용이 있느냐가 더 중요하다.

💡 바람직한 화법을 구사하라.

- 긍정화법: 희망적이고 긍정적인 면을 표현하라.
- 결론+부연화법: 결론을 먼저 이야기하고 그에 대한 부연설명을 하라.
- Yes, But 화법: 상대방의 의견에 먼저 동의를 표하고 다른 의견을 말하라.

❺ 면접 답변 요령

💡 자기소개를 해보시오.

잘못된 사례	좋은 사례
저는 그냥 평범한 사람입니다. 특별히 잘하는 것도 없고 그냥 그래서 드릴 말씀이 없습니다.	저는 평범한 사람입니다. 또한 성격이나 외모 면에서도 무난한 편이어서 조직 속에서 잘 융화되고 환경에 잘 적응하는 편입니다.

💡 자신의 단점을 말해보시오.

잘못된 사례	좋은 사례
제 성격의 단점은 소심한 성격입니다. 소심한 성격 때문에 무슨 일이든 당당하게 나서지 못해 사회생활을 하려면 고쳐야 한다고 생각하지만 잘 안 되어서 고민입니다.	저는 다소 소극적인 편입니다. 그래서 먼저 나서지는 못하지만 다른 사람들의 말을 잘 들어주고 협조를 잘 하는 편입니다. 다른 사람의 말을 잘 들어주다보면 저의 생각의 폭도 넓어지고 배울 점도 많아 특별히 나쁘지는 않다고 생각됩니다

3) 면접관이 보는 체크포인트

- 직무수행능력과 적극성
- 성실성, 진실성, 협업능력, 올바른 인성
- 외국어 구사능력과 적정한 직무 활용성
- 첫인상(밝은 표정과 긍정적 태도)
- 조직 적응력과 판단력
- 면접에 적합한 단정한 이미지와 자신감 있는 태도
- 인재상에 부합한지
- 집중력
- 차별성

TIP

1. 면접시간 30분 전에 미리 도착하여 낯선 분위기에 익숙해져라.

2. 1분 자기소개와 지원동기를 충분히 연습하라.

3. 대기실에서 그동안 준비했던 내용들을 머릿속으로 정리하라.

4) 면접 이미지 메이킹

❶ 여성 이미지 연출법

💡 패션스타일

- 커리어우먼 이미지를 나타낼 수 있는 바지정장이나 투피스 정장은 신뢰감을 준다.
- 정장은 심플한 디자인과 라인이 세련된 느낌을 준다.
- 스커트 트임은 깊지 않은 무릎 중간 정도의 길이 H라인 스커트 정장이 무난하다.
- 구두는 심플한 스타일로 5~7cm(발가락이 보이는 것은 주의) 정도의 굽이 적당하다.
- 액세서리는 한두 가지로 포인트를 주고, 귀걸이는 부착형이 무난하다.
- 스타킹은 피부색과 동일색상으로 한다.

💡 헤어스타일

- 지적이면서 깔끔한 이미지로 보이는 헤어스타일이 좋다.
- 귀 뒤로 머리를 넘겨 핀으로 고정하거나 묶어서 단정한 스타일을 연출하며 귀와 이마가 보이는 스타일로 연출하는 것이 좋다.
- 전체적으로 청결하며 염색 및 퍼머, 유행하는 헤어스타일은 하지 않는 것이 좋다.

💡 메이크업

- 자연스럽고 밝은 이미지로 자신의 분위기와 맞게 표현한다.
- 눈썹은 모발색상이나 눈동자 색과 동일계열 색상으로 자연스럽게 그린다.

올바른 복장의 예

- 아이섀도우는 피부 톤과 유사한 오렌지, 핑크, 계열의 색상을 선택한다.
- 아이라인은 검정색 펜슬이나 액상 아이라이너로 자연스럽고 얇게 그린다.
- 립스틱은 어둡거나 진하지 않은 중간색상을 선택한다.
- 볼터치는 은은하게 발라 혈색을 살려준다.
- 과도한 화장이나 반대로 맨 얼굴은 좋지 않다.

❷ 남성이미지 연출법

헤어스타일

- 면접을 위한 헤어스타일은 깔끔하고 단정한 느낌인 약간 짧은 자연스러운 스타일이 좋다.
- 젤이나 왁스로 단정하게 연출한다.
- 컬러는 짙은 갈색이 부드러우면서 세련된 이미지를 준다.

패션스타일

- 정장의 색은 검정, 감청, 회색계열로 깔끔한 이미지의 색상을 선택한다.
- 정장의 소재는 무광택인 것이 적합하다.
- 셔츠는 흰색, 아이보리, 연하늘색 등의 밝은 컬러로 한다.
- 넥타이의 무늬는 스트라이프, 솔리드(단색무지), 도트(물방울무늬)가 적당하다.
- 넥타이 폭은 7~9cm 정도가 적당하며, 폭이 너무 좁은 것은 피한다.
- 구두는 슈트 색과 어울리는 색상과 발등을 덮는 스타일의 정장용 구두가 적합하다.
- 양말은 정장바지와 동일색이나 바지 톤보다 진한 색을 신는다.

올바른 복장의 예

표 8-3_ 나의 면접 이미지 분석 및 체크포인트

항목	내용
표정	• 미소를 담은 밝은 표정과 자신감 있는 표정을 유지한다. • 시선은 자연스럽게 면접관의 미간이나 이마 쪽을 본다. • 면접관이 다수: 질문을 한 면접관을 주로 보되, 다른 면접관에게도 시선을 둔다.
인사	• 밝은 목소리로 명랑하게 인사를 한다. • 바른 자세로 인사한다. • 처음과 마지막 인사를 분명하게 한다.
자세	• 등과 가슴을 곧게 편 자세로 서 있는다. • 의자와 등 사이는 주먹 하나 정도의 간격을 두고 힙은 깊숙이 앉는다. • 턱은 당기고 시선은 정면, 상대의 눈을 본다.
용모	• 신뢰감을 주는 헤어스타일을 한다. • 면접에 적합한 옷차림을 한다. • 정장과 구두는 조화롭게 한다. • 메이크업은 자연스럽고 부드러우며 건강한 이미지로 표현한다.
대화	• 경어를 바르게 사용한다. • 상대방에 맞는 호칭을 사용한다. • 정확한 발음, 밝은 목소리, 적당한 속도로 대화한다.

TIP

넥타이 유래

넥타이는 BC 1세기경 고대 로마 병사들이 착용한 '포칼(Focal)'에서 유래되었다. 당시 포칼은 단지 '추위 방지용'이었다고 알려져 있다. 1688년 '문장(紋章) 아카데미'란 책을 발간한 영국 귀족 랜들 홈은 "넥타이는 기껏해야 칼라에 덧붙인 긴 타월에 그쳤을 분"이라고 말하기도 했다. 일종의 냅킨 역할을 했다는 보고도 있다.
현대와 같은 넥타이의 모습을 갖추기 시작한 것은 17세기경 프랑스에서 귀족들이 착용한 것에서부터 '멋'으로 인식되기 시작했다고 한다. '30년 전쟁' 당시 파리로 들어온 크로아티아 기병들의 목에 감겨 있던 띠를 보고 파리 귀족들이 장식품으로 응용한 것이라고 한다.
불어로 넥타이를 뜻하는 '크라바트(cravate)'의 어원은 프랑스의 국왕이었던 루이 14세에 대한 충성심의 표시로 장군 이하 신하들이 목에 매기 시작한 '크라바트(Cravate)'라는 것이었으며 매는 법을 달리하면서 1770년대 워털루 전쟁 이후 '넥타이(Neck-Tie)'로 불리어지기 시작하여 오늘날에 이르고 있다.

표 8-4_ 면접별 유형의 특징과 전략

면접 유형	특징	전략
단독 면접	• 면접관 한 명이 지원자 한 명과 개별적 질의응답을 하는 일반적인 면접 방법	능력과 자질을 최대 표현, 성실히 답변
개별 면접	• 여러 명의 면접관이 지원자 한 명을 면접 • 다수의 면접관이 평가하므로 평가의 객관성과 지원자의 다양한 면을 평가할 수 있다.	자신감을 갖고 성의 있게 답변
집단 면접	• 다수의 면접관과 다수의 지원자를 동시에 평가 • 다른 지원자들과 동시에 비교 관찰할 수 있다.	나만의 차별화, 강점 찾기 전략
집단 토론 면접	• 토론주제 제시 후 지원자들의 토론 과정 평가 • 이해력, 표현력, 발표력, 협동심, 적극성 등 평가 • 토론을 잘하면 회의도 잘 할 수 있다고 판단함.	경청자세, 리더십, 배려, 논리적 사고
프레젠테이션 면접	• 주어진 시간 동안 주제에 대한 지원자의 의견과 지식, 경험을 발표하는 기술 면접	진실되고 최선을 다하는 모습 표현
임원 면접	• 경험이 풍부한 임원들로 구성되어 있어 지원자의 압박감이 많은 면접. • 철저한 분석으로 1분 자기소개와 첫인상이 평가점수에서 중요	나만의 차별화, 강점 찾기 전략
영어 면접	• 지원자의 영어 의사소통과 활용능력, 표현력, 글로벌 마인드 등을 평가하며 원서를 주고 번역을 요구하는 등 업무에 필요한 외국어 능력을 체크하는 면접이다.	글로벌 마인드 실무 영어공부
다차원 면접	• 지원자와 면접관이 회사 밖에서 레저 스포츠, 술자리, 합숙행사 등을 함께 하며 다각적인 평가 • 세일즈 면접: 직접 물건을 팔아보는 면접	상황별 매너와 인성, 능력과 최선을 다하는 모습

면접에서 나오는 일반적인 질문 유형

1. 당신의 장단점은 무엇입니까?

2. 자기소개를 1분 내에 해보시오.

3. 우리 회사를 지원한 이유는 무엇입니까?

4. 대학생활 중 학업 외에 어떤 일에 몰두했습니까?

5. 남들이 자신을 어떤 사람으로 보고 있다고 생각하십니까?

6. 이것만큼은 남에게 질 수 없다고 생각하는 것은?

7. 지금까지 살면서 가장 기뻤던 일은 무엇입니까?

8. 최근 화가 났던 일은 무엇입니까?

9. 살면서 좌절한 적이 있습니까?

10. 학창시절에 어떤 아르바이트를 해 보았습니까?

11. 어학실력은 어느 정도입니까?

12. 자격증은 있습니까?

13. 대학시절 자신의 성적을 어떻게 생각합니까?

14. 최근뉴스에 가장 관심을 가졌던 화제는?

15. 갑자기 1억 원이 생긴다면 무엇을 하시겠습니까?

16. 취미나 특기가 있습니까?

17. 휴일에는 주로 무엇을 합니까?

18. "색"에 비유한다면 당신은 무슨 색입니까?

19. 자신을 "사물"에 비유한다면 무엇이라고 생각합니까?

20. 회사에 들어오면 어떤 일을 하고 싶습니까?

21. 일에 대한 당신의 사고방식은?

22. 일과 사생활에 대하여 어떻게 생각하십니까?

23. 사회인과 학생의 차이는 뭐라고 생각합니까?

24. 입사 후 회사와 맞지 않는다는 생각이 들면?

25. 희망직종에 가지 못하는 경우는 어떻게 하시겠습니까?

26. 지방근무 명령을 받게 된다면?

27. 이 회사가 부도 위기에 처한다면?

28. 10년 후의 자신의 모습은?

29. 당신의 직업관 또는 인생관?

30. 영어로 자기소개를 해보시오.

31. 자신에게 있어 가장 큰 도전은 무엇입니까?

32. 부모님에게 영향을 받은 것은 무엇이라고 생각하십니까?

33. 면접관이 기억에 남을 자기소개를 해 보세요.

34. 최근에 가장 집중하고 있는 일은 무엇입니까?

35. 자신이 얼마짜리 가치가 있다고 생각하십니까?

36. 지원분야와 관련된 경험이 있습니까?

37. 회사를 선택할 때 중요한 기준은 무엇입니까?

38. 자신이 선발되어야 하는 이유를 말해보세요.

39. 우리 회사에 채용되지 않는다면 어떻게 하겠습니까?

40. 우리 회사에 대해 알고 있는 데로 말해 보세요.

4차 산업시대의 인성과 진로 및 취업

③ 4차산업혁명과 포스트코로나 시대 미래 인재역량, 채용트랜드

1) AI 면접

AI 면접이란 4차 산업이 시작되면서 새로운 채용 시스템으로 면접관으로 AI가 면접을 실시하게 되었다. 사람과 대화하며 면접하는 것이 아닌 AI와 커뮤니케이션으로 면접이 이루어진다.

AI 면접은 컴퓨터 화상 카메라와 마이크로 인식된 지원자의 표정, 말투, 행동 등을 인공지능 프로그램이 분석해 조직과 직무에 적합한 인재를 선별하는데 도움을 제공하는 시스템이다.

자기 소개, 기본 질문, 성향 파악, 상황 대처, 보상 선호, 전략 게임, 심층 대화 등으로 구성되어 있고 AI 면접 시간은 1시간~1시간 30분 정도로 진행하며 면접 복장은 셔츠 등 깔끔하고 정돈된 정장류의 의상을 입는 것이 좋다.

글로벌기업들은 4차 산업혁명 시대의 경쟁력을 좌우하는 것으로 '인재 확보'를 우선시 하고 필요로 하는 인재를 빠르게 선별해 채용하기 위해 인공지능을 활용하고 있다. AI(인공지능)를 이용한 채용 심사가 국내에서도 본격적으로 도입되었다.

모든 지원자에게 같은 기준을 적용할 수 있으며, 면접관의 개인적인 의견이 평가에 반영되지 않아 공정하다는 장점이 있기 때문이다. AI 면접을 위한 대비가 필요한 시대가 다가왔다.

2) AI 면접 과정

❶ PC 세팅

제일 먼저 해야 할 일이 AI 면접에서 가장 중요하다고 할 수 있는 것은 PC 환경 세팅이다.

AI 면접은 미리 접속하여 테스트해 볼 수 있는 별도의 공간을 제공해주기 때문에 테스트 할 때 PC 사양과 접속환경을 체크 해보는 것이 좋다. 공공장소보다는 인터넷 연결이 잘되는 장소에서 하는 것이 좋다.

❷ 면접 장소 선택

AI 면접은 사람이 아니라 컴퓨터가 면접을 보는 것이기 때문에 주변 소음도 면접 태도에 영향을 미칠 수 있다. 인터넷이 연결된 곳이라면 가능하지만, 되도록 배경이 깔끔하고 돌발상황이 발생하지 않을 장소를 선택하는 것이 좋다.

❸ 웹캠, 이어폰, 마이크 체크

AI 면접 시 준비물인 웹캠, 이어폰, 마이크 체크는 필수적이다.

웹캠은 얼굴이 정면으로 잡힐 수 있도록 맞춰서 조정해 놓는 것이 좋다. 마이크도 목소리 음향이 잘 들어가는지 잡음이 들어가지 않는지

테스트해보고, 무선보다는 유선 이어폰을 준비하여 하울링이나 중간에 끊김이 없도록 해야 한다.

❹ 일관성 있는 답변하기

AI 면접이 일반 사람과 하는 일반 면접과 차이점은 바로 모든 것을 AI가 기억한다는 점이다.

사람과 대면하는 면접은 상황에 따라 기억을 못 하거나 맥락상으로 이해해줄 수 있는 상황이 생기지만 AI 면접은 다르다. 질문에 대해 모두 솔직하게 답변해야 일관성 있는 사람으로 보일 수 있으며, 좋은 평가를 받을 수 있다.

⑤ 시선 피하지 않기

면접은 시선을 피하지 않으면서 자신이 말하고자 하는 것을 또박또박 말하는 것이 굉장히 중요하다. AI 면접도 시선을 피하거나 카메라를 제대로 응시하지 않으면 자신감이 없는 사람으로 인식할 수 있기 때문에 카메라를 잘 응시하는 것이 중요하다.

⑥ 자신감, 미소 유지하기

AI는 면접자의 미세한 근육 변화나 표정의 변화를 모두 감지하기 때문에 항상 미소를 유지해야 한다. 목소리의 떨림, 말의 속도, 호흡 등 면접자가 지금 어떤 행동을 하고 있는지 분석하므로 자신감 있고 당당하게 해야 한다.

출처: AI 면접 준비방법 면접내용 알아보자! | 메디25. 재구성

3) AI 면접 지원자 분석

AI 면접은 어떻게 지원자를 분석할까요?

| Visual Analysis | Voices Analysis | Verbal Analysis | Vital Analysis |
| 지원자의
표정과 움직임 분석 | 음성의 높낮이와
답변속도 파악 | 답변 내용과
어휘 분석 | 지원자의 감정과
답변 신뢰도 측정 |

❶ 지원자의 표정과 움직임 분석(Visual Analysis)

면접 응시자의 얼굴을 분석하는 기술이다. AI 면접은 지원자의 표정과 움직임을 파악하게 된다. 시선 처리와 몸의 움직임까지도 파악되므로 시선을 일정하게 유지하고 바른 자세로 하는 것이 좋다.

❷ 음성의 높낮이와 답변 속도 파악(Voices Analysis)

AI 면접에는 얼굴 표정 뿐만 아니라 음성의 높낮이, 크기, 답변 속도 등을 종합적으로 파악하는 기술이 활용되고 있다.

사용하는 마이크에 소음 등이 들어가지 않도록 하고, 목소리 톤도 연습을 통해 적합한 수준을 알아두는 것이 좋다.

❸ 답변 내용과 어휘 분석(Verbal Analysis)

언어 분석 기술이다. 지원자가 답변하는 내용을 분석하게 되는데 지원자가 사용하는 단어와 어휘의 의미 등을 파악하는 기술이다.

AI 면접 영상은 녹화되어 기업의 인사담당자가 열람할 수 있는 경우도 있으니 최대한 답변을 잘할 수 있도록 한다.

❹ 지원자의 감정과 답변 신뢰도 측정(Vital Analysis)

지원자의 얼굴 근육 등의 변화를 감지하여 지원자의 감정과 답변 신뢰도
를 측정하게 되므로 최대한 솔직하게 답변하는 것이 좋다.

출처: AI 면접 A to Z, 새로운 취업 트렌드 체험기, 고용노동부. 재구성

4) AI 면접과 기존 면접의 차이점

AI 면접 및 역량검사를 정확하게 이해하기 위해서는 일반 면접과 무엇이
다른지 이해하는 것이 중요하다. 기존 면접의 어떤 부분을 보완하려고 하는
지를 파악한다면 AI 면접의 평가요소를 알 수 있기 때문이다. AI 면접과 기
존 면접의 차이점을 알아보자. 모든 내용은 AI 역량검사에도 해당된다.

표 8-5_ **AI 면접과 기존 면접의 차이점**

AI 면접	기존 면접
• 온라인으로 언제 어디서나 응시 가능 • 다양한 측정 방법과 도구 • 지원자 데이터를 기반으로 심층 분석 가능 • 개인화된 맞춤 문항 자동 생성 • 공정성과 일관성을 유지 가능	• 정해진 장소와 시간에만 진행 가능 • 제한된 측정 방법과 도구 • 심층 분석을 위해서는 뛰어난 면접 역량이 요구됨 • 구조화 면접으로 준비된 면접 질문 • 공정성과 일관성 유지가 어려움

출처: 최준형의 AI 취업전략, 잡코리아, 2020

Chapter 09

셀프리더십
(Self Leadership)

01 셀프리더십의 개념

셀프리더십은 자신이 정말로 하고 싶어 하는 일을 하는 데에 있어서 자발적으로 스스로를 기꺼이 투입할 수 있도록 하는 것이다. 즉, 자기 스스로 자신을 이끌어 자신이 참된 리더가 되는 것을 현실적으로 실현시키는 것을 말한다. 다른 사람들을 보다 효과적으로 리드해 나가기 위해서는 자신을 먼저 리드할 줄 알아야 한다. 자신의 유일한 리더는 자기 자신 밖에 없으며, 자기 자신이 스스로에게 중요한 리더가 되는 것이다.

이처럼 셀프리더십은 스스로에게 영향을 미치는 과정이다. 즉, 우리가 자신에게 영향을 미치는 지속적인 과정이 바로 셀프리더십이다.

셀프리더십의 개념은 자기통제(Self Control) 개념에 근간을 두고 있으며, 자기관리를 바탕으로 하여 자기 자신이 스스로를 이끌어 나가는 리더십의 개념이다.

여기서 셀프의 의미는 자아의 개념으로 해석할 수 있는데, 이는 인간 내부의 기본적인 성향인 자율성을 강조한 점으로서, 타인을 향한 리더십이 아니란 점을 강조하는 것이다. 이러한 셀프리더십은 타고나는 것이 아니라 학습을 통해 얻어질 수 있는 것으로서 모든 사람은 누구나 유능한 셀프리더는 아닐지라도 어느 정도는 셀프리더십을 발휘하게 된다.

셀프리더십은 과업이나 직무를 수행하기 위해 필요한 자기주도와 자기 동기부여를 이루기 위해 스스로 자신에게 영향력을 행사하는 과정으로 자신의

TIP

3% 리더

"바닷물의 소금 염도가 얼만지 아십니까?" "2.97%입니다."
3%의 소금이 바다를 썩지 않게 하는 염분의 농도이다. 세상에도 3%의 사람들은 세상을 바꾸고 변화시키는 사람들이다.
3%의 사람들이 진정한 조직의 리더로 성장한다.
어떤 조직이든 3% 안에서 리더가 나오고, 부자가 나오고, 성공자가 탄생하기 마련이다. 자연의 이치와 세상의 이치가 이와 같다.
바다를 썩지 않게 만드는 소금 3%와 같이 성공한 리더, 준비된 리더를 만들고 잠재적인 리더를 성공자로 키운다면 세상은 분명히 변화하고 바뀔 것이다.

개인적인 목적을 달성하는 데 스스로에게 동기를 부여할 수 있도록 자신의 틀을 개발하는 것이 중요하다(Manz & Sims, 2001).

　세상에는 언제나 시대의 리더 3%, 자유를 누리는 부류 10%, 생계유지하는 부류 60%와 타인에게 의존하는 27%의 사람들이 있다.

1) 인간의 기본욕구

　매슬로우의 욕구단계 이론은 개인의 욕구와 동기부여 이론으로 가장 널리 알려진 이론이다. 매슬로우는 인간의 욕구에도 단계가 있다고 파악하고 하위단계의 욕구가 충족되어야 다음 단계의 욕구가 발생한다고 설명했다. 욕구단계는 생리적 욕구, 안전·안정의 욕구, 소속감과 사랑의 욕구, 존경 욕구, 자아실현의 욕구 순이다.

　🌱 인간의 기본욕구 – 인간의 동기 단계

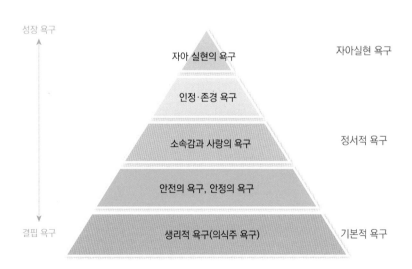

Maslow의 욕구 5단계

❶ 생리적 욕구(physiological needs)

인간의 기초적인 욕구로서 의식주에 대한 욕구, 충분한 급여와 보상으로 충족이 가능하다.

❷ 안전의 욕구(safety needs)**, 안정의 욕구**

생리적 욕구가 충족된 다음 단계로서 신체적, 감정적인 위험으로부터 보호되고 안전해지기를 바라는 욕구와 심리적, 경제적으로 안정되기를 바라는 욕구. 경계와 기준이 설정된 작업환경으로 충족이 어느 정도 가능하다.

❸ 소속감과 사랑의 욕구(social needs)

생리적 욕구와 안전 욕구가 충족된 다음 단계의 인간은 사회적 존재이므로 어디에든 소속되거나 다른 집단이 자신을 받아들이기를 원한다. 이 욕구는 다른 사람과의 상호 관계에 관한 욕구를 말한다. 우호적이고 건전한 관계 형성(건강한 집단)으로 충족이 가능하다.

❹ 인정과 존경의 욕구(esteem needs)

내적으로 자존감과 자율을 성취하려는 욕구이며, 외적으로는 타인으로부터 인정받으며 어떤 지위를 확보하려는 욕구, 가치, 감사, 격려, 인정과 보상으로 충족이 가능하다.

❺ 자아실현 욕구(self-actualization needs)

자신이 이룰 수 있거나 될 수 있는 것을 성취하려는 욕구로 자신을 최선의 존재로 만들거나 만들 능력이 있을 때 충족이 가능하다.

02 셀프리더십의 조건

1) 자기관찰을 통한 목표 설정

셀프리더는 끊임없는 자기관찰과 목표설정을 통해 철저하게 자신을 관리하고 개선해야 한다. 하비 맥케이는 "당신에게 목표지점이 없다면, 결코 그곳에 이르지 못한다."라고 말했다. 성공적인 셀프리더들이 매우 구체적인 목표 목록을 가지고 있는 이유가 여기에 있다.

자기관찰은 언제, 왜, 어떤 상황에서 우리가 특정한 행동을 보이는지를 관찰하는 것이다, 자기관찰은 바람직하지 않은 행동이 어디서 유발되는지 깨닫도록 도와주며 효과적인 개선방법을 제시함으로써, 목표 설정에 매우 유리한 정보와 단서를 제공한다.

❶ 자신의 목표를 매 순간 상기

목표를 설정했다면 중요한 것은 이러한 목표를 잊어서는 안 된다는 것이다. 셀프리더는 자신이 무엇을 원하는지 늘 관심을 기울인다. 일의 우선순위를 매긴 자신의 하루 일정표를 늘 참고한다.

❷ 부정적인 행동 제거, 긍정적인 행동 증가

셀프리더는 자신의 환경을 통제할 줄 알아야 한다. 긍정적인 행동을 유발할 수 있는 동기들로 자신의 환경을 채워야 자신이 기대하는 것보다 효과적인 성과를 올릴 수 있다. 부정적인 행동을 줄이고 긍정적인 행동을 늘리는 사이, 행동이 점차 변화될 것이다.

❸ 목적에 적합한 목표 설정

목적이란 인생 전체를 통해 달성하고자 하는 보다 추상적이고 근본적인

삶의 형태이다. 단기적인 목표들은 궁극적으로 인생의 최종 목적을 달성하기 위해 수립된 것들이어야 한다. 추구한 인생의 목적에 부합하는 목표들을 신중하고 진지하게 수립하는 것은 셀프리더에게 강한 신념과 확신을 심어준다.

❹ 반복 연습(練習)

우리의 행동을 개선하는 가장 확실한 방법 중 하나가 바로 연습이다. 중간에 포기하지 않고 끊임없이 연습에 매진하는 근성이야말로 셀프리더의 빠질 수 없는 자질이다. 연습은 바로 자신의 한계를 극복하기 위해 자신과 맞서는 고통스런 시간이다. 하지만 동시에 자신의 능력과 가능성을 키워나가는 가치 있는 시간이다.

❺ 보상과 벌칙 활용

셀프리더는 목표 달성을 위해 적절한 보상과 처벌을 활용해야 한다. 자신의 바람직한 행동에 대한 보상은 더욱 바람직한 행동을 유발할 수 있도록 자신이 좋아하는 것이면 좋다. 벌칙은 자신에게 가혹한 것이어야 한다. 셀프리더는 자신과의 약속에 대해 그 누구보다 철저해야 한다. 자신을 다스리고 통제할 수 있는 능력은 바로 자신과의 규칙에 대한 엄격한 실천에서 비롯되기 때문이다.

❻ 자기 암시와도 같은 긍정적인 셀프 토크 이용

심리학자인 버틀러(P. E. Butler)는 "우리 모두는 자신에게 말을 한다. 우리가 하는 말은 우리 삶의 방향과 질을 좌우한다. 셀프 토크는 행복과 절망의 차이를 만들며, 자기 확신과 자기 의심의 차이를 결정한다.

자기 암시와도 같은 셀프 토크는 큰 효과를 발휘한다. "난 할 수 있어!"라고 자신에게 던지는 말들이 실제 일에 미치는 효과를 무시해서는 안 된다. 셀프리더는 자신과의 대화 속에서 무력한 자신에게 힘을 주고, 자신감을 잃은 자에게 그 누구도 해줄 수 없는 값진 충고를 던져준다.

❼ 셀프리더십을 슈퍼리더십으로

셀프리더는 자신을 신뢰하는 만큼이나 타인을 존중하며, 독단적인 개인의 이익을 추구하기보다 팀과의 조화를 통해 시너지 효과를 얻는다. 그러므로 셀프리더는 자신의 리더십을 슈퍼리더십으로 쉽게 확장시킬 수 있는 것이다.

2) 셀프리더십 원칙

1	관심	타인에게 관심 갖기
2	배움	타인에 대해 알기
3	가치인정	타인을 존경하기
4	기여	타인의 가치 증대
5	표현	타인을 지지하고 긍정하기
6	성공	함께 성장하며 성공하기

03

셀프리더가 되는 과정

자기인식
능력

자기관리
능력

사회적 인식
능력

관계관리
능력

1 개인적 능력: 자신을 다스리는 능력

1) 자기인식능력

💡 **감성적 자기인식능력**   자신의 감정을 읽고 그것의 영향력을 깨닫는 것,
결정을 내리는 데 본능적인 감각을 이용

💡 **정확한 자기평가**   자신의 평가를 통해 자신의 장점과 한계를 아는 능력

💡 **자신감**   자신의 가치와 능력에 대해 긍정적으로 생각하는 능력

2) 자기관리능력

💡 **자제력**   충동을 억제하고, 침착하고 이성을 잃지 않는 능력

💡 **투명성**   자신의 감정, 믿음, 행동에 대해 개방하고 보여주는 능력

💡 **적응력**   변화에 유연하고 환경에 잘 적응하고 대처하는 능력

💡 **성취력**   목표를 설정하고 그 목표를 달성하기 위해 노력하는 능력

💡 **주도성**   주도적으로 먼저 나서고 기회를 잘 잡는 능력

💡 **낙천성**   모든 사물을 긍정적으로 보고, 실패를 기회로 여기는 능력

② **사회적 능력: 관계를 다스리는 능력**

1) 사회적 인식능력

🌳 **감정이입능력**   다른 사람의 느낌, 욕구, 관심을 알아채는 능력

🌳 **조직적 인식능력**   중요한 사회적 네트워크를 간파하고, 핵심적 권력관계를 인식하는 능력

🌳 **서비스능력**   구성원과 고객의 요구를 잘 맞추려고 하는 능력

2) 관계관리능력

🌳 **감화력**   확고한 전망으로 구성원을 이끌고 공감을 유도하여 일을 흥미있게 만드는 능력

🌳 **영향력**   사람을 끄는 설득력과 매력을 지니는 능력

🌳 **타인의 능력개발**   타인의 목적과 욕구, 강점과 약점을 이해하고, 건설적인 조언과 개발을 지원하는 능력

🌳 **변화촉진**   변화의 필요성을 절감하고, 변화에 적응하며 촉진하는 능력

🌳 **갈등관리**   반대되는 관점들을 이해하고 공감하며 win-win하는 에너지를 발휘하도록 유도하는 능력

🌳 **팀워크 및 협력**   동료애 분위기 창출, 구성원의 집단적 노력에 능동적이고 열정적으로 헌신하도록 유도하며 긴밀한 관계를 맺도록 만드는 능력

출처: 변상우, 리더십 개발과 훈련, 재구성

Work Sheet

나의 리더십 점수

내 용	아주 그렇지 않다 1	그렇지 않다 2	보통 이다 3	그렇다 4	아주 그렇다 5
1. 나는 내가 속한 단체에서 필요한 것을 잘 결정할 수 있다.					
2. 나는 자 자신에 대해서 전반적으로 긍정적으로 생각한다.					
3. 나는 다른 사람에게 나의 감정을 잘 표현하는 편이다.					
4. 나는 어떤 일을 함에 있어서 목표 설정을 잘하는 편이다.					
5. 나는 다른 사람을 대할 때 항상 진실한 마음을 가진다.					
6. 나는 문제해결을 위해 많은 정보를 효과적으로 사용할 줄 안다.					
7. 나는 어떤 일을 행할 때 각 구성원에게 책임을 맡기는 편이다.					
8. 나는 우선순위를 정하여 일을 처리한다.					
9. 나는 다른 사람에게 대단히 호의적인 편이다.					
10. 나는 어떤 지식이든지 배울 자세가 되어 있다.					
11. 나는 어떤 일을 행할 때 다른 사람의 요구를 잘 고려한다.					
12. 나는 어떠한 일에도 책임 있는 태도를 가지고 있다.					
13. 나는 다른 사람을 대함에 있어 친근한 성품의 소유자다.					

내 용	아주 그렇지 않다 1	그렇지 않다 2	보통 이다 3	그렇다 4	아주 그렇다 5
14. 나는 내가 속한 집단 성원들이 제기한 요구사항을 잘 수 용한다.					
15. 나는 타인의 말을 주의깊게 듣는 편이다.					
16. 나는 여러 가지 대안들 중 적절한 것을 잘 선택하는 편 이다.					
17. 나는 나 이외의 다른 사람들도 중요하다고 생각한다.					
18. 나의 의견이 잘 받아들여지도록 집단의 분위기를 잘 조 성한다.					
19. 나는 어떤 일을 행함에 있어 여러 가지 대안들을 고려한다.					
20. 나는 항상 다른 사람들을 존중하는 태도를 가지고 있다.					
21. 나는 여러 가지 문제를 해결할 수 있는 능력을 가지고 있다.					
22. 나는 내가 한 실수를 잘 수습하는 편이다.					
23. 나는 매사에 재치있게 일을 처리하는 편이다.					
24. 나는 일 처리과정에서 융통성을 발휘할 수 있다.					
25. 나는 다른 사람들과 잘 화합하는 편이다.					
26. 나는 나의 주장이나 생각을 타인에게 명확하게 설명할 수 있다.					

내 용	아주 그렇지 않다 1	그렇지 않다 2	보통 이다 3	그렇다 4	아주 그렇다 5
27. 나는 감정에 치우치지 않고 합리적으로 사고하는 편이다.					
28. 나는 어떠한 변화도 수용할 자세가 되어 있다.					
29. 나는 다른 사람에 대한 나의 매너가 좋다고 생각한다.					
30. 나는 다른 사람을 신뢰하는 편이다.					

1. 채점방법

아주 그렇다: 5점 / 그렇다: 4점 / 보통이다: 3점 / 그렇지 않다: 2점 / 아주 그렇지 않다: 1점

2. 평가방법

- 130점 이상: 리더십이 매우 좋다.
- 110~130점: 리더십이 좋다.
- 90~110점: 리더십 개발이 필요하다.
- 90점 이하: 리더십 개발이 매우 필요하다.

3. 리더십 영역별 진단

영 역	진 단
의사소통기술	3, 15
의사결정기술	1, 4, 8, 16, 19
인간관계기술	5, 9, 17, 20, 23, 25, 29
학습능력기술	6, 10, 21, 27
집단관리기술	7, 28, 30
자기이해기술	2, 12, 13, 22, 24, 26
집단활동기술	11, 14, 18

출처: 김창민 외(2011), 대학생과 리더십, 홍릉과학출판사

4차 산업시대의
인성과 진로 및 취업

Chapter 10

커뮤니케이션

우리는 인간관계 속에서 살아간다. 커뮤니케이션(communication)은 인간관계를 이어주는 가교 역할을 한다고 볼 수 있다. 관계가 성립되는 곳에 의사소통이 있으며 의사소통 없이는 삶을 영위하기가 어렵다. 또한 조직 내 업무성과는 상사와 조직원의 인간관계와 커뮤니케이션에 의해 크게 좌우한다. 조직 내 소통에 문제가 있을 때에는 업무성과에 부정적인 영향을 미치게 된다. 따라서 효과적인 커뮤니케이션은 조직 내 성과를 높이는 가장 기본적인 요소로 평가받고 있다.

1 커뮤니케이션의 정의

커뮤니케이션이란 본래의 의미에 근접한 의미를 청자에게 전달되도록 하는 과정이며, 자신의 지식이나 관심, 태도, 의견, 생각을 다른 사람과 공유할수 있게 하는 과정이다. 커뮤니케이션을 통하여 다양한 정보들이 공유되어지고, 조직의 각 활동들은 조정되어지며, 그 결과 의사결정(decision making)은 올바른 방향으로 내려질 수 있다.

1) 커뮤니케이션(communication)의 중요성

일반적으로 직장인들은 자신에게 주어진 시간의 70% 정도를 커뮤니케이션 활동에 쏟는다고 한다. 한 통계에 의하면 커뮤니케이션 활동 중에 30%는 말하는 활동에, 40%는 듣는 활동에, 20%는 읽는 활동에, 10%는 쓰는 활동에 사용한다고 한다. 일반인이 아닌 관리자인 경우 그 이상의 시간을 커뮤니케이션에 집중한다. 또한 커뮤니케이션의 중요성에서 언어의 특징을 살펴보면 책임성과 생명력이 있으며, 습관성을 가지고 있고 무형성의 특징이 있다.

communication에서 com은 서로, 함께(with)라는 의미이며 한자의 의사소통(意思疏通)도 통(通)한다는 의미를 가지고 있으며 동서양의 의미를 모두 합하면 "서로 통한다."라는 의미가 된다.

2) 커뮤니케이션의 구성요소

표 10-1_ **커뮤니케이션의 구성요소**

구분	구성요소	비율
비언어적 커뮤니케이션	태도, 몸짓, 동작 표현	55%
언어적 커뮤니케이션	단어의 선택 및 배열	38%
음성표현	말의 내용	7%

커뮤니케이션 스킬을 키우는 7가지 노하우

1. 반응을 태도와 말로 표현하라. – 즉각 반응을 보이는 예리한 감수성을 가져라.
2. 감정 조절(분노 및 마이너스 감정, 불안, 불신 등)을 스스로 통제하라.
3. 경청하라.
4. 명확하게 표현하라.
5. 오픈 마인드(폐쇄적이지 않게)
6. 선입관, 고정관념을 버리고 유연하게 들어라.
7. 긍정적인 마인드

3) 상대를 리드하는 비즈니스 대화 스킬

❶ 비즈니스 대화의 1·2·3 화법

비즈니스 화법의 공식 중에 1·2·3 화법이 있다. 1·2·3 화법은 3분간의 대화를 의미한다. 그 중에서도 자신의 말은 1분 정도로 짧게 말하고 긴 이야기는 3분간을 기준으로 단계별로 나누어 설명하면 된다.

- 1분 이내 자기의 말을 종료하라.
- 2분 이상 상대의 말을 들어라.
- 3번 이상 긍정의 맞장구를 쳐라.

❷ 대화의 기본자세-경청_(傾聽)

대화의 가장 기본은 경청이
다. 말하는 것보다 중요한 것이
경청이다. 경청은 상대방에 대한
배려이다. 경청의 자세는 곧 그
사람의 인격 수준과 인품을 알
수 있다.

TIP

聽(들을 청): 耳(귀 이) + 王(임금 왕)
　　　　　+ 十(열 십) + 目(눈 목)
　　　　　+ 一(한 일) + 心(마음 심)

임금이 귀로 듣는다는 것은 열 개의 눈을 뜬 듯
모든 것을 한마음으로 상대방의 마음을 향해 한
결 같아야 한다는 뜻이며 단순히 듣는 것이 아
니라 상대방을 마음으로 존중하고 감정을 이해
하며 반응하는 것이다.

🌱 경청의 기본자세

· 눈: 상대의 눈을 정면으로 보고, 따뜻하고 부드러운 시선을 보낸다.

· 몸: 정면을 향해 조금 앞으로 내밀듯이 앉고, 고개는 끄덕임, 손으로는
　　　메모하며 편안하고 자연스러운 자세를 취한다.

· 입: 맞장구를 치면서, 모르는 것은 질문, 복창을 한다.

· 마음: 정성을 담아서 온몸으로 경청, 상대의 마음을 편안하게,
　　　　Open Mind, 타인의 비판적인 말도 잘 듣는다. 의견이 다르다
　　　　고 받아들이지 않는다면 좋은 관계를 유지할 수 없다. 수용적인
　　　　자세로 듣지 않으면 중요한 정보를 놓칠 수 있다.

🌱 적극적 경청 시 주의사항

· 자기 뜻대로 지도하려 하거나 통제하지 말 것.

· 대화의 창을 열어주고 다시 닫지 말자.

· 앵무새처럼 말을 따라 하기만 하는 것도 주의해야 한다.

· 공감적 이해를 하면서 듣자.

· 이미 알고 있는 상대방에 대한 부정적 편견을 버리고 듣자.

· 자신을 상대방으로부터 지나치게 방어하려는 태도는 지양하고 열등
　감을 버리자.

마더테레사 수녀는 기
자들의 질문에 이렇게
대답했다.
"내가 한 일은 사람들이
내게 와서 무언가 말할
때 그 이야기를 처음부
터 끝까지 들어준 것뿐
입니다."

🌱 듣기의 수준

- 배타적 듣기: 무시하거나 듣지 않으려고 하는 듣기
- 듣는 척 듣기: 듣는 척 하는 수준의 듣기
- 선택적 듣기: 전체의 의미를 파악하지 못하고 자기의 관심부분 등 극히 일부분만을 골라 듣는 수준의 듣기
- 적극적 듣기: 들으면서 핵심적인 부분을 중심으로 요약하면서 전체의 흐름을 살피는 수준의 듣기
- 공감적 듣기: 말하는 사람의 의도나 마음을 이해하면서 듣고, 감성적으로 받아들일 수 있는 수준의 듣기

🌱 반영적 경청

- 비판이나 판단을 포함하지 않고 상대가 한 말을 그대로 반영해 주거나 확인하는 종류의 언어적 반응을 보여주는 것이다.
- 메시지가 지닌 의미를 새로운 표현으로 되돌려 보냄으로써 잘 듣고 있음을 보여 주는 것이다.
- 상대방이 이야기하는 것을 정확하게 파악한다.
- 상대방이 이야기하려는 것을 내가 이해했다고 상대방에게 알린다.
- 상대방의 개방적인 표현에 긍정적 반응을 보인다.

예시

"많이 힘들었겠다. 나도 그랬어."

"~ 해서 정말 속상하셨겠네요."

"그러니까 너의 말은 ~ 하다는 거지?"

"중요한 시기에 고장이 나서 많이 불편하셨겠습니다."

"그랬군요! 급한 일을 바로 처리하지 못해 많이 난처하셨겠군요."

🌱 반영해 주어야 할 주요 감정

• 긍정적, 부정적인 것 모두 수용해 주는 것이 중요하다.

🌱 행동 및 태도의 반영. 반영의 문제점

• 상투적인 표현은 주의한다.
• 언어뿐만 아니라 비언어적인 메시지에 대한 반영이 중요하다.

❸ 대화 시 거리

다른 사람과 대화를 할 때 거리감에 따라 친근함, 불쾌감을 표현할 수 있다. 미국의 인류학자인 에드워드 홀(Edward T. Hall)은 1960년대 인간의 공간욕구에 대해 연구한 연구자로 '근접학(Oroxemics)'이라는 말을 만들어 냈다.

🌱 친밀한 거리(15~45cm): 연인, 부모, 배우자, 자녀, 친한 친구, 애완 동물 등 감정적으로 친밀한 사람이나 생명체만 포함될 수 있다.

🌱 사적인 거리(46cm~1.22m): 칵테일파티나 사교모임, 친구들과의 만남에서 타인과의 사이에 두는 거리

🌱 사회적 거리(1.22~3.6m): 낯선 사람, 택배직원, 상점주인 등 잘 모르는 사람을 대할 때 사이에 두는 거리

🌱 공적 거리(3.6m 이상): 청중 연설을 할 때 두는 거리

탈무드에 의하면 귀가 둘인데 입이 하나인 것은 상대방의 말은 진지하게 경청하되, 말은 적게 하라는 의미

Work Sheet

경청능력 자가진단 테스트

나의 듣기 능력은 얼마일까?(각 항목별로 5점 만점으로 테스트 해 보세요)

내 용	매우 아니다 1	아니다 2	보통 3	그렇다 4	매우 그렇다 5
1. 나는 내가 말하는 것처럼 듣거나 또는 그보다 더 집중해서 듣는다.					
2. 산만해지지 않고 집중하여 들을 수 있다.					
3. 상대방이 말을 끝낼 때까지 참을성 있게 듣고 나서 내 생각을 말하거나 답한다.					
4. 다른 사람들이 나누는 대화를 들을 때 지루하지만 참아낼 수 있다.					
5. 다양한 의견, 특히 나와 다른 의견을 열린 마음으로 듣는다.					
6. 대화가 끝나고 1시간 후에도 내용을 정확하게 기억할 수 있다.					
7. 상대방의 말, 제스처, 표정 등에 주의를 기울여 듣는다.					
8. 내용을 이해하지 못하면 그 사실을 인정한다.					
9. 메시지를 더 효과적으로 전달하기 위해 사용하는 말, 목소리, 어조, 비언어적 요소를 항상 조절한다.					
10. 다른 사람들이 말하는 내용을 판단하지 않으며, 그들이 대화를 끝낼 때까지 결론을 내리지 않는다.					
11. 모든 중요한 대화를 메모한다.					
12. 일치하는 부분을 찾으려고 하고, 그렇지 않은 부분은 중요시하지 않는다.					

- 40점 이하: 경청자세 부족(집중력 강화훈련 필요)
- 40점 이상: 좀 더 경청에 신중할 것 = 산만한 주변을 정리할 것.(예 책상 정리)
- 50점 이상: 수용 표현 능력, 즉 경청능력이 탁월함.

❹ 대화의 기본적인 화법

🌿 청유화법   명령보다 청유형으로 대화를 하면 상대방의 반감은 사라지
고 자신을 존중해준다는 느낌을 받는다.

　예 ~ 해주세요. ~ 하세요.　▶　괜찮으시다면, ~ 해주시겠습니까?

　　　　　　　　　　　　　　　해주시면 감사하겠습니다.

🌿 칭찬화법   상대방의 긍정적인 모습을 보고 진심으로 칭찬한다. 칭찬
은 즉시, 구체적으로, 결과보다 과정을 칭찬한다.

　예 정말 열심히 노력하더니 좋은 결과가 나온 것에 대해 진심으로 축하드립니다.

🌿 긍정화법   부정적인 말(할 수 없습니다. 안됩니다.) 등의 부정적인 말은 상대의
기분을 불쾌하게 하므로 긍정적으로 표현한다.

　예 안됩니다.　▶　도와드리고 싶지만, 그것은 좀 어려운 일입니다.

🌿 쿠션화법   단답형의 표현보다는 '실례합니다만', '미안합니다만', '어려
우시겠지만' 등의 쿠션의 말을 사용하여 부드럽게 표현한다.

　예 죄송합니다만, 잠시만 기다려주시겠습니까?

🌿 나 전달화법('I' 메시지)   상대를 탓하지 않으면서 나를 주어로 하여 자신
의 감정, 생각이나 느낌 등 본인이 원하는 바를 표
현한다.

Ⅰ메시지 화법 ＝ 문제행동 ＋ 행동의 영향 ＋ 느낀 감정

　예 "예약 시간에 늦으셨잖아요."　▶　"예약 시간보다 많이 늦어져 무슨 일이 생겼
　　　　　　　　　　　　　　　　　　는지 걱정했어요."

💡 I 메시지 4단계

1단계	타인의 행동(객관적인 사실 묘사: Fact) 수용할 수 없는 행동에 대한 비난이나 비평 없는 서술
2단계	행동에 따른 결과 그 행동이 나에게 미치는 구체적인 영향 이유 설명
3단계	행동에 따른 나의 감정(Feeling) 구체적인 영향에 따른 나의 감정이나 느낌
4단계	What 원하는 바를 구체적으로 진술

TIP

I 메시지 사용지침

• 메시지는 적극적인 경청과 함께 활용되어야 한다.
• 상대방의 행동으로 인한 부정적인 감정만을 강조하지 않아야 한다.
• 메시지 4단계 중 제3단계인 구체적인 영향이 없으면 그저 잔소리에 불과할 수 있다.
• 문제가 되는 행동과 상황, 내게 미치는 영향은 구체적으로 서술하고 자신의 감정이나 느낌은 솔직하게 표현한다.
• 상대방의 행동으로 인해 일어나는 표면적인 감정보다는 내면적인 마음을 표현하도록 한다.

💡 I 메시지 예

약속할 때마다 매번 늦는 친구가 오늘 또 30분 늦었다.

1단계	Fact: 객관적인 사실만 "네가 약속할 때마다 매번 늦어서"
2단계	Feeling: 나의 감정을 표현 "나를 무시하는 것 같아서 좀 서운해."
3단계	Because: 이유 설명 "왜냐하면 내 시간도 중요하거든. 다음 스케줄도 있고"
4단계	Want: 원하는 것을 구체적으로 표현 "앞으로는 힘들겠지만 서로가 한 약속이니까 꼭 지켜줬으면 좋겠어."

Work Sheet

I 메시지 상황극

사례 1 여자친구가 남자친구와의 약속시간에 1시간 늦은 상황. 남자친구가 여자친구에게 말을 한다.

- YOU 메시지

- I 메시지

사례 2 2박3일 동안 축제 준비하느라 다음 주 월요일에 제출할 레포트를 일요일에 밤을 새가며 했다. 아침에 일어나 보니 어머니께서 쓰레기인 줄 아시고 버리셨다고 한다.

- YOU 메시지

- 부모님의 I 메시지

사례 3 학기 초 선배들, 동기들과 술을 마시느라 집에 늦거나 잘 들어가지 않은 나

- 부모님의 YOU 메시지

- I 메시지

사례 4 이번 학기 학점이 잘 나오지 않은 나

- 부모님의 YOU 메시지

- 부모님의 I 메시지

02 프레젠테이션 스킬

프레젠테이션(Presentation)의 뜻은 발표를 의미하는데 '한정된 시간 내에 관련 정보를 정확하게 전달하거나 이해를 돕기 위해 또는 동기를 부여할 목적으로 이루어지는 시청각적인 커뮤니케이션의 한 방법'이다.

1 프레젠테이션 구성요소

1) 3P 분석하기

❶ People(청중)

사전에 청중의 나이, 성, 지위, 직업, 학력, 관심사, 선입견 등을 분석하여 프레젠테이션 전개방식으로 설정한다.

◎ 전문가그룹, 남성: 전문자료, 통계, 그래프, 데이터 등의 보조자료를 준비하는데 중점을 둔다.

◎ 비전문가, 주부: 생활에서의 사례로 쉽고 부드럽게 설명하는 것이 좋다.

◎ 젊은층: 캐주얼하고 편안한 화법으로 젊은이들이 사용하는 용어나 유머를 사용하여 친근함을 주면 좋다.

◎ 노년층: 존댓말에 유의하면서 발음을 정확하고 크게 하는 것에 주의한다.

4차 산업시대의 인성과 진로 및 취업

❷ **Purpose**(목적)

프레젠테이션을 듣는 청중이 어떤 목적을 가지고 있는가를 파악하는 것
은 프레젠테이션의 특성을 결정짓는 주요 요인이 된다.

- 모르는 것을 알리기 위한 정보제공
- 프레젠테이션 대상자(청중)들의 관심과 동기유발
- 프레젠테이션 대상자들을 설득하여 의사결정을 하도록 하기 위한 목적
- 즐거움을 주기 위한 엔터테인먼트 제공 등을 목적으로 한다.

❸ **Place**(장소, 환경, 상황)

장소가 세미나실인지, 강당인지, 호텔인지 등에 따라 책상의 유무와 배치
방식에 따라 같은 주제라도 준비가 달라져야 한다.

- 세미나실, 전문교육장 → 집중도가 높으므로 자료준비를 많이 하는
  것이 좋다.
- 강당, 호텔 → 천장이 높고 면적이 넓으면 연출을 해야 한다.
- 교실형인 책상이나 의자가 배열된 장소 → 정보나 지식을 전달하는 데
  유리하다.
- U자형 → 높은 상호작용이 필요할 때 좋다.

2) 프레젠테이션의 3단계 구성법

표 10-2_ 프레젠테이션의 3단계 구성법

서론(10~30%)	본론(50~80%)	결론(5~30%)

1. 인사(자기소개)
2. 프레젠테이션 소개
3. 청중의 주의집중
4. 주제 제시
5. 동기부여(의미)
	1. 핵심 내용 소개(논리적 전달)
	2. 구체적 사례 제시
	  • 두괄식
	  • 숫자
	  • 핵심 키워드
	  • 에피소드
		1. 핵심내용 정리
		2. 결론의 강조
		3. 질의응답
		4. 행동변화 촉구
		5. 인사

2 시각자료의 구성

프레젠테이션에서 시각자료를 이용하는 것은 청중의 흥미를 유발하고 이해를 촉진시키며, 발표의 내용에 신뢰성을 주고, 청중의 머릿속에 이미지가 오래 남도록 하는 것이다.

- 한 페이지의 슬라이드는 하나의 내용만 담는다.
- 슬라이드의 첫 페이지의 중앙에 제목을, 하단에는 발표자 이름을 표시한다.
- 슬라이드 디자인은 내용과 연관되도록 한다.
- 도표, 일러스트, 사진 등 자료를 적절히 이용한다.
- 애니메이션 효과는 너무 많이 사용하면 집중하기 어렵다.
- 컬러는 너무 강렬한 색상은 주의한다.
- 한 페이지에 글자는 7~8줄 이내로 한다.

3 프레젠테이션에 사용되는 언어

- 간결하면서도 직접적인 어휘를 선택하라.
- S. E. S 기법 - Simple(간단하게), Easy(쉽게), Short(짧게)
- 생동감 있는 어휘, 적절한 비유, 정확한 어휘를 사용하라.
- 유행어, 은어, 외래어 사용을 주의하라.
- 유머를 사용하라.

4차 산업시대의
인성과 진로 및 취업

Chapter 11

스피치

01 스피치의 개념

말하는 사람이 온몸으로 자신의 생각, 아이디어를 제시하여 듣는 이로 하여금 말하는 사람이 원하는 방향으로 행동하도록 영향력을 행사하는 일련의 과정이다.

1 명품 스피치 조건(good speech condition)

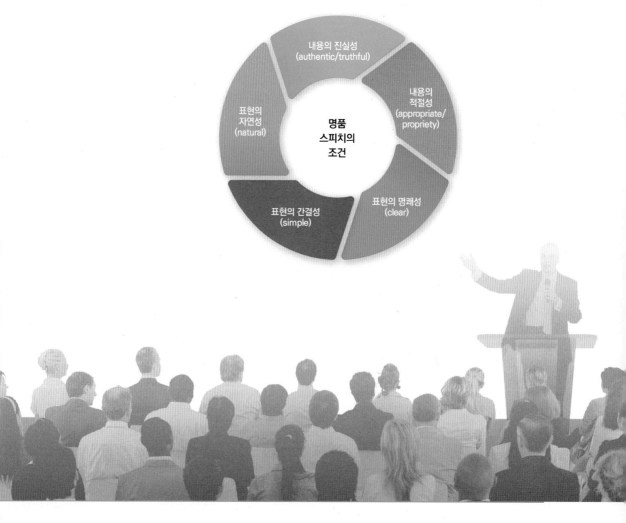

1) 스피치 준비자세

- 자세를 바르게 한다.
- 상체의 불필요한 힘을 뺀다.
- 어깨 힘을 뺀다.
- 복식호흡을 한다.
- 허리를 편다.
- 엉덩이와 허벅지에 약간 힘을 준다.

2) 스피치 훈련

- 인사말을 분명히 하라.
- 불평, 불만, 비난의 말을 삼가라.
- 예/아니오를 분명히 하여 주체성을 확립하라.
- 상대가 말(대화, 연설, 토론)할 때 눈과 귀와 가슴을 열고 경청하라.
- 윗사람에게 보고할 때는 겸손과 당당함을 함께 갖춰라.
- 칭찬과 격려를 많이 하라.
- 미소 띤 얼굴로 말하라.
- 쉽게 말하라.

- 가벼운 화제에서 심각한 화제로
- 쉬운 화제에서 어려운 화제로
- 과거에서 현재로, 현재에서 미래의 화제로
- 구체적인 화제에서 추상적인 화제로
- 전달하는 화술에서 설득하는 화술로

3) 효과적으로 설득하는 연설 기법

- 서두를 힘차게 시작한다.
- 일화, 사례, 증거를 많이 사용한다.
- 구어체를 사용한다.(듣는 사람에게 친근감을 느낄 수 있도록 쉬운 단어 사용)
- 시각적으로 묘사한다.
- 기쁘게 편안하게 말한다.
- 긍정적으로 이야기한다.
- 활기차게 말한다.
- 진지하게 말한다.
- 자신있게 말한다.
- 청중에게 골고루 시선을 준다.

2 발표 요령 기준

1) 서론

❶ 청중의 주의를 끌면서 주제의 배경을 설명한다.
❷ 주제가 청중에게 중요한 이유를 제시한다.
❸ 연설의 목적과 내용(소주제)을 올바르게 표현한다.

2) 본론

❶ 주된 논점을 분명하게 밝힌다.
❷ 접속어를 적절히 사용한다.
❸ 다양한 인용(예화)으로 청중의 이해를 돕는다.

3) 결론

❶ 논점을 분명히 강조해서 요약한다.
❷ 인상적인 끝맺음으로 결말을 짓는다.

Work Sheet

발표 시 말할 때 체크포인트

1. 눈맞춤을 잘했는가?

2. 몸의 움직임이 자연스러웠는가?

3. 목소리의 크기는 적절했는가?

4. 말의 속도는 적절했는가?

5. 비언어적 군말(아, 어, 저 등)을 사용하지 않았는가?

6. 호흡 조절을 효과적으로 했는가?

전반적인 체크포인트

1. 주제 전개가 연설의 취지에 합당하고 창의적이었는가?

2. 정해진 시간 안에 발표를 마쳤는가?

발성이란 사람들이 소리를 내는 데 필요한 발성기관을 통하여 만들어낸 소리가 밖으로 나오는 것을 의미한다.

1 기본발성

🏵 가나다라 발성법

가	나	다	라	마	바	사	아	자	차	카	타	파	하
야	냐	댜	랴	먀	뱌	샤	야	쟈	챠	캬	탸	퍄	햐
거	너	더	러	머	버	서	어	저	처	커	터	퍼	허
겨	녀	뎌	려	며	벼	셔	여	져	쳐	켜	텨	펴	혀
고	노	도	로	모	보	소	오	조	초	코	토	포	호
교	뇨	됴	료	묘	뵤	쇼	요	죠	쵸	쿄	툐	표	효
구	누	두	루	무	부	수	우	주	추	쿠	투	푸	후
규	뉴	듀	류	뮤	뷰	슈	유	쥬	츄	큐	튜	퓨	휴
그	느	드	르	므	브	스	으	즈	츠	크	트	프	흐
기	니	디	리	미	비	시	이	지	치	키	티	피	히

1) 연습 포인트

- 발음 전에 입술을 상하좌우로 움직인다.
- 발음할 때에 가능한 입을 크게 벌리는 것이 좋다.
- 진한 부분은 강한 악센트를 주어 발음한다.
- 익숙해질 때까지 천천히 확실하게 발음하여 점차적으로 빠르게 한다.

4차 산업시대의 인성과 진로 및 취업

2) 발음 어려운 문장 연습

1. 들의 콩깍지는 깐 콩깍지인가 안 깐 콩깍지인가. 깐 콩깍지면 어떻고 안 깐 콩깍지면 어떠냐. 깐 콩깍지나 안 깐 콩깍지나 콩깍지는 다 콩깍지인데.

2. 간장 공장 공장장은 강 공장장이고, 된장 공장 공장장은 공 공장장이다.

3. 저 분은 백 법학박사이고 이 분은 박 법학박사이다.

4. 작년에 온 솥 장수는 새 솥 장수이고, 금년에 온 솥 장수는 헌 솥 장수이다.

5. 상표 붙인 큰 깡통은 깐 깡통인가? 안 깐 깡통인가?

6. 신진 샹송 가수의 신춘 샹송 쇼

7. 서울특별시 특허 허가과 허가과장 허 과장

8. 저기 저 뜀틀이 내가 뛸 뜀틀인가 내가 안 뛸 뜀틀인가.

9. 앞 집 팥죽은 붉은 팥 풋 팥죽이고, 뒷집 콩죽은 햇콩 단콩 콩죽, 우리 집 깨죽은 검은깨 깨죽인데 사람들은 햇콩 단콩 콩죽 깨죽 죽 먹기를 싫어하더라.

10. 우리 집 옆집 앞집 뒷 창살은 홑 겹 창살이고, 우리 집 뒷집 앞집 옆 창살은 겹 홑 창살이다.

11. 내가 그린 기린 그림은 긴 기린 그림이고 네가 그린 기린 그림은 안 긴 기린 그림이다.

12. 저기 가는 저 상장사가 새 상 상장사냐 헌 상 상장사냐.

13. 중앙청 창살은 쌍 창살이고, 시청의 창살은 외 창살이다.

14. 멍멍이네 꿀꿀이는 멍멍해도 꿀꿀하고, 꿀꿀이네 멍멍이는 꿀꿀해도 멍멍하네.

15. 저기 있는 말뚝이 말 맬 말뚝이냐, 말 못 맬 말뚝이냐.

16. 옆집 팥죽은 붉은 팥죽이고, 뒷집 콩죽은 검은 콩죽이다.

17. 경찰청 쇠창살 외철창살, 검찰청 쇠창살 쌍철창살

18. 경찰청 철창살이 쇠 철창살이냐 철 철창살이냐.

19. 내가 그린 구름그림은 새털구름 그린 구름그림이고, 네가 그린 구름그림은 깃털구름 그린 구름 그림이다.

20. 칠월 칠일은 평창친구 친정엄마 칠순 잔칫날

21. 고려고 교복은 고급교복이고 고려고 교복은 고급원단을 사용했다.

22. 대우 로얄 뉴로얄

23. 한국관광공사 곽진광 관광과장

24. 생각이란 생각하면 생각할수록 생각나는 것이 생각이므로 생각하지 않는 생각이 좋은 생각 이라 생각한다.

25. 김서방네 지붕 위에 콩깍지가 깐 콩깍지냐 안 깐 콩깍지이냐.

26. 앞뜰에 있는 말뚝이 말 맬 말뚝이냐, 말 안 맬 말뚝이냐.

27. 안촉촉한 초코칩 나라에 살던 안촉촉한 초코칩이 촉촉한 초코칩 나라의 촉촉한 초코칩을 보고 촉촉한 초코칩이 되고 싶어서 촉촉한 초코칩 나라에 갔는데 촉촉한 초코칩 나라의 문지기 가 "넌 촉촉한 초코칩이 아니고 안촉촉한 초코칩이니까 안촉촉한 초코칩 나라에서 살아." 안 촉촉한 초코칩은 촉촉한 초코칩이 되는 것을 포기하고 안촉촉한 초코칩 나라로 돌아갔다.

03 파워스피치를 내기 위한 준비운동

1 얼굴 스트레칭

얼굴 두드리기

입 꼬리 당기기

상화좌우 스트레칭

얼굴 풍선 스트레칭

얼굴 주름펴기 스트레칭

 발음을 통한 지속적인 웃는 얼굴 만들기

위스키	위스키	위스키	위스키	위스키
와이키키	와이키키	와이키키	와이키키	와이키키
방실이	방실이	방실이	방실이	방실이
멋있지	멋있지	멋있지	멋있지	멋있지
강아지	강아지	강아지	강아지	강아지

TIP

건강한 목소리를 위해 해야 할 일

1. 원래 자기 목소리의 높이대로 말하라.
2. 노래할 때처럼 말할 때도 목소리를 준비시켜라.
3. 충분한 휴식을 취하라.
4. 행복한 마음을 가져라.
5. 많이 웃어라(단, 목소리를 잘 준비시킨 다음에).
6. 스트레스를 피하라.
7. 탁한 공기를 피하라. 우리가 들여 마시는 공기는 모두 목소리 기관으로 지나간다.
8. 복식 호흡을 하라.
9. 영양 섭취를 고르게 하라.
10. 말을 많이 하게 될 경우 우유나 치즈 같은 낙농 제품의 섭취를 피하라. 낙농 제품은 점액질을 많이 만들어 낸다.
11. 자신의 목은 가격을 매길 수 없을 만큼 귀중한 악기라고 생각하라.
12. 겨울에는 실내의 습도를 높여라.
13. 물을 많이 마셔라. 목이 건조해지는 것을 피하기 위해서는 하루 8잔 정도의 물이 필요하다.

피츠버그 대학 의료센터, Thomas Murry, Clark A. Rosen

② 연단공포 극복 방법

1) 연단공포의 원인

- 새롭고 낯선 언어를 접할 때
- 말해야 할 내용에 대한 충분한 지식이나 정보가 없을 때
- 실패하지나 않을까 하는 두려움을 가질 때
- 준비가 불충분하거나 컨디션이 나쁠 때
- 열등감 및 성격상의 결함이 있을 때
- 청중에게 과민하거나 청중의 반응을 불리하게 해석할 때
- 경험이 없거나 청중을 너무 두렵게 생각할 때

③ 연단공포 없애는 방법

미국의 유명한 Speech 교사 "사라(Sarah)" 여사가 말하는 무대공포증을 없애는 방법은 다음과 같다.

1) 충분한 준비에 의한 방법

- 서두에 3, 4개의 문장은 메모하여 나가라.
- 자세한 아우트라인(Outline)을 작성하라.
- 메모된 아우트라인을 탁상 위에 놓고 하라.
- 사전 연습을 할 수 있다면 단 한번이라도 더 하고 나가라.

2) 육체적 통제에 의한 방법

- 가급적 몸을 움직여(목, 손, 허리, 다리) 긴장을 풀어라.
- 자기암시(自己暗示)와 심호흡을 하며 자율신경을 안정시켜라.
- 몸과 어깨 근육의 긴장을 풀고, 배(단전)에 힘을 주라.

- 적당히 움직이며 말하라.
- 자신감 있고, 활기찬 모습으로 행동하라.(등단할 때, 발표할 때, 하단할 때)

3) 정신적 태도에 의한 방법

- 열등의식을 없애고, 단점을 극복하려는 의지를 가져라.
- 나만이 느끼는 것이 아니라, 인간 모두 두려움을 느낀다는 보편적인 생각을 하라.
- 자신을 사랑하고, 청중을 사랑하며 할 수 있다는 마인드컨트롤을 하라.

토론토 연구보고서에 이런 내용이 있다. '세상에서 가장 큰 공포는?'이란 주제로 조사를 한 적이 있다. 조사한 내용은 아래와 같다.

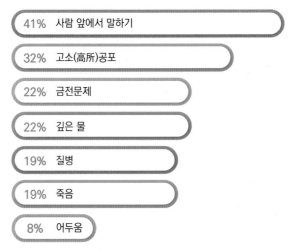

41%	사람 앞에서 말하기
32%	고소(高所)공포
22%	금전문제
22%	깊은 물
19%	질병
19%	죽음
8%	어두움

출처 : 토론토 대학, 연구보고서

4) 경험에 의한 방법

- 여러 번 생각하는 것보다 한 번 행동하는 것이 낫다.
  (단순하게 생각, 과감하게 행동)
- 경험은 가장 위대한 스승이다. 기회 있을 때마다 앞에 서라.

- 반복한 경험은 두려움을 없애 주고 자신감을 얻게 한다.
- 처음 연단에 설 때는 누구에게나 횡설수설 실수 연발이다. 실수나 실패를 겁내지 말라.

5) 인식전환에 의한 방법

- 청중들이 당신을 비웃거나 나쁜 평가를 받지 않을까 염려하지 말라.
- 긴장이나 Stress가 반드시 나쁜 것만은 아니다. 약간의 두려움, 적당한 긴장은 오히려 필요하다.
- 안 될 거라는 생각을 버리고 잘 될 것이라는 긍정적인 사고로 시작하라.
- 너무 잘 하려는 생각보다는 있는 그대로 솔직하게 보여줘라.

6) 기타 방법

- 옆 사람과 적당히 대화를 한다.
- 두근거리는 가슴보다는 이야기 내용에 신경을 쓴다.
- 기다리지 말고 먼저 용기를 낸다.
- 신경안정제를 복용한다. (최후의 수단)
- 자기 연설의 중요성을 너무 과대평가하지 말라.
- 시작할 때 청중들에게 재미있는 얘기로 긴장감을 풀어줘라. 그리고 어려운 고비가 있더라도 포기하지 말고 끝까지 말하라.

4 발표 시 자세 및 순서

1) 등단하는 법

등단하기 전 복장을 점검하고 머리를 손질하며 단정한 모습을 보이도록 한다. 발표에 적합한 의상을 갖추는 것은 청중을 위한 기본예의이다. 격식이

있는 곳에서는 정장을 준비하고 편안함을 보여야 할 곳에서는 굳이 정장을 준비하지 않아도 좋다. 걸음걸이는 균형 있고 자신감이 있어야 한다. 등단을 두려워하는 자신 없는 자세나 경직된 자세, 예의 없는 느슨한 자세도 피해야 한다. 연단이나 마이크에 이마가 부딪치지 않도록 한 발 뒤로 물러선 다음 공손하게 인사한다.

2) 연단에서의 태도

인사를 한 후 서둘러 말을 시작하기보다는 잠시 동안 (1~3초) 자연스럽게 청중을 둘러보는 것이 좋다. 연단에서의 자세는 항상 연단 중앙에서 주먹하나 정도의 거리를 유지하고 양발을 어깨넓이보다 약간 좁게 벌리는 것이 좋다. 그리고 체중을 양발에 균형 있게 싣는다. 허리와 어깨를 곧게 펴고 머리를 똑바로 든 자세를 취하는 것이 청중들에게 시각적인 믿음을 준다. 고개는 목을 누르거나 너무 들지 말고 자연스럽게 정면을 향한다.

그리고 두 손을 편안한 자세로 연단에 가볍게 올려놓은 것은 무방하나 연단을 잡고 몸을 의지하는 것은 좋지 않다. 제스처를 사용할 때를 제외한 나머지는 바지 봉제선에 가볍게 내려놓는다.

3) 연단에서의 표정

스피치할 때는 안정적이면서 진지한 표정과 정중한 자세를 취하면서 살짝 미소를 머금은 표정은 청중에게 편안함을 준다. 얼굴 표정은 스피치 내용과 상황에 적절히 바꾸어 나가는 것이 좋다. 즐거운 이야기를 할 때는 즐거운 표정을, 심각한 이야기를 할 때는 진지한 표정을 한다.

4) 바람직한 시선처리

가장 바람직한 시선처리는 개개인의 눈을 자연스럽게 따뜻한 시선으로 바라보면서 스피치를 하는 것이다. 청중을 정면으로 바라보지 못하고 좌우나 위아래를 자주 쳐다보는 행동은 심리적으로 불안하다는 것을 스스로 시인하는 모습이 된다. 시선을 한 곳에만 고정시키지 말고 청중에게 골고루 배분하도록 한다.

5) 제스처의 올바른 사용법

- 진실하고 자연스러워야 한다.
- 간단하면서 절도 있게 사용한다.
- 상황에 맞게, 말의 내용과 일치해야 한다.
- 시선처리는 항상 제스처의 방향을 따라한다.

Chapter 12

자기 관리의 표현, 이미지 메이킹

이미지 메이킹이란 타인에게 비쳐지는 자신의 모습, 즉 '이미지'를 멋있고, 개성있게 연출하여 좋은 인상을 만들어 가는 방법이다. 그러나 좋은 이미지는 하루아침에 이뤄지는 것이 아니다. 인격을 완성시키는 일이 평생의 과업인 것처럼 이미지 메이킹은 현재진행형으로서 평생에 걸쳐 꾸준한 자기 관리를 통해서 지속적으로 해 나가야 하는 것이다.

1 이미지 구성

좋은 이미지를 형성하는 요인에는 인간미, 정성스러운 마음, 깊은 관심, 신뢰감, 겸손함, 역지사지로 상대방을 배려하는 태도, 매너 있는 행동, 청결한 외모, 온화한 말씨 등이 있다.

1) 이미지의 구성(내적, 외적)

이미지는 내적 이미지(personality, 인성)와 외적 이미지(appearance, 외모)가 있다. 내적 이미지는 가치관, 신념, 이상, 지적 수준을 반영하며, 외적 이미지는 용모, 복장, 태도, 표정, 메이크업, 자세이다.

내적인 이미지에서 풍겨지는 인성과 외적으로 사람들에게 보여지는 외모에 상대방의 인식이 더해져서 만들어진 나의 인상이 곧 이미지인 것이다. 즉, 나의 이미지는 타인이 보고 느낀 나의 모습을 말한다.

2) 이미지와 첫인상의 상호 관계

알버트 메라비안에 따르면 어떤 사람에 대한 지각은 시각적 정보와 청각적 정보, 그리고 대화의 내용에 따라 결정된다고 한다. 그에 따르면 사람의 첫인상은 표정, 자세, 동작, 외모 같은 시각적인 이미지 55%, 음성의 고저, 톤 같은 청각적 이미지 38%, 말의 내용 7%에 의해 결정된다는 것이다. 이 것은 점점 더 인간관계가 복잡해지고 교제 기간이 짧아지면서 대화 내용보다는 시각적, 청각적 이미지의 영향이 더 커지고 있다는 의미이기도 하다.

TIP

옛날 중국 당나라에서는 관리를 등용하는 시험에서 인물평가의 기준으로 신언서판(身言書判)을 기준으로 하였다. 신체, 언어, 글씨, 판단력의 네 가지를 표현하는데

신(身)은 사람의 외모, 용모를
언(言)은 사람의 말씨, 언변을
서(書)는 글씨, 문장력을
판(判)은 사물의 이치를 깨달아 아는 판단력을 의미한다.

이 중 신(身)은 사람의 풍채와 용모를 뜻하는 말이며, 첫인상을 중요시하여 첫눈에 호감가는 형을 선호했다고 한다.

② 첫인상 형성 시 나타나는 3가지 효과

1) 부정성 효과

긍정적인 특성보다 부정적인 특성(예 : '표정이 딱딱하다', '거만하다')이 그 사람을 평가하는 데 더 많은 영향을 준다는 것이다. 그러므로 단점보다 장점이 많아도 어떤 단점 한 가지에 의해 전체적인 평가가 부정적이 될 수도 있으므로 누군가를 처음 만날 때는 사소한 부분까지 신경써서 긍정적인 부분이 보여지도록 노력하는 것이 중요하다.

2) 초두 효과(각인 효과)

먼저 제공된 정보가 나중에 제시된 정보보다 더 큰 영향력을 발휘하는 것을 말한다. 첫인상을 좋게 하려면 처음 만났을 때 가능한 한 자신의 장점을 부각시키도록 해야 한다.

3) 후광 효과

사람의 신체적 매력으로 인하여 다른 면도 좋게 평가되는 것이다.

> **TIP**
>
> 좋은 첫인상의 3단계
>
> 1단계: 부드러운 시선
> 2단계: 아름다운 미소
> 3단계: 따뜻한 말 한마디

02 이미지 개발

1 이미지 메이킹 5단계

내가 원하는 이미지를 만들기 위해서는 무엇보다 자기긍정과 타인긍정(I'm OK, You're OK)의 태도를 갖고 자기 이미지를 조절하면서 부지런히 노력하는 태도가 필요하다. 이미지 메이킹을 성공적으로 하려면 다음 5단계를 따르는 것이 도움이 된다.

1 Know Yourself
자신을 알라.

2 Develop Yourself
자신을 계발하라.

3 Package Yourself
자신을 포장하고 상품화시켜라.

4 Make Yourself
자신을 알리고 광고하라.

5 Be Yourself
나다움을 개발하라.

2 이미지 메이킹의 기본요소 5가지

좋은 이미지를 창출하기 위해서는 매너의 5가지 기본요소를 갖추어야 한다.

매너의 5가지 기본요소

1. 온화한 표정

2. 단정한 용모

3. 바르고 절도 있는 자세

4. 공손한 인사

5. 부드럽고 상황에 맞는 말씨

매너의 5가지 기본요소는 한 요소, 한 요소를 잘할수록 이미지가 좋아지는 '덧셈의 원칙'이 적용되는 것이 아니라 4가지 요소를 잘하더라도 나머지 한 가지가 부족하면 전체적인 이미지가 나빠지는 '곱셈의 원칙'이 적용된다. 즉, 어떤 사람의 표정과 용모, 자세와 인사가 각각 '100점'에 가깝다 해도 그가 사용하는 말씨가 '0'점이라면 그의 이미지는 '400점'이 아니라 '0'점이 되는 것이다. 그러므로 좋은 이미지를 갖기 위해서는 모든 요소를 고루 갖추어야 한다.

출처: 박광옥, 매너 있는 교양인을 위한 문화와 예절

❸ 이미지 메이킹을 통한 3가지 효과

🌼 셀프이미지에 대한 자아이미지 4가지

《 **현실적 자아**(Real Self) **이미지** 》

사람이 살아가면서 행하는 가장 기본적인 자아이론

《 **잠정적 자아**(Potential Self) **이미지** 》

상황에 따라 유동적으로 바뀔 수 있는 자아이론

《 **사회적 자아**(Social Self) **이미지** 》

타인의 언어, 행동을 보고 자아를 돌아보는 자아이론

《 **이상적 자아**(Ideal Self) **이미지** 》

자신의 생각대로 지각에 의해 이루어지는 자아이론

Work Sheet

1. 내가 생각하는 나의 이미지

2. 타인이 생각하는 나의 이미지

3. 내가 바라는 나의 이상적인 이미지

Work Sheet

이미지 지수 체크리스트

• A 그룹: 내적 이미지

1. 현재의 내 이미지에 만족하는 편이다.

2. 나에겐 뚜렷한 희망과 목표가 있다.

3. 나쁜 습관보다 좋은 습관을 더 많이 가지고 있다.

4. 상대가 나를 어떻게 생각할까 늘 의식한다.

5. 매사에 긍정적이고 적극적이다.

6. 나는 감정적이기보다 이성적이다.

7. 서점에 가면 꼭 자기개발서나 성공스토리를 다루는 코너를 찾는다.

8. 잔잔한 클래식 음악을 들으며 책 읽는 것을 즐긴다.

9. 각종 문화행사에 대한 관심이 많아서 즐겨 찾는다.

10. 분노를 느낄 때 심호흡을 하며 흥분을 가라앉힌다.

11. 눈치(이해력과 판단력)가 빠른 편이다.

12. 무력감과 우울증에 빠져있는 시간이 짧다.

13. 자동차나 전철 속에서 성공한 미래의 내 모습을 자주 그린다.

14. 매일 짧게라도 명상을 한다.

15. 사람들을 만나는 것이 즐겁고 대인관계도 원만하다.

16. 남에게 말한 계획은 반드시 지키려고 노력한다.

17. 항상 메모하는 습관을 가지고 있다.

18. 스트레스가 쌓이면 영화를 보거나 좋아하는 운동을 한다.

19. 컴퓨터 앞에 있는 시간이 즐겁다.

20. 생각하고 고민하는 것보다는 먼저 행동으로 옮긴다.

21. 시간 약속을 잘 지키는 편이다.

22. 친구와 쓸데없는 수다를 떨고 나면 시간이 아깝다는 생각이 든다.

23. 하루의 수면 시간은 다섯 시간 내외이다.

24. 내 사전에 심심하고 무료한 시간이란 있을 수 없다.

25. 나에겐 이미지 모델이 있다(내가 닮고 싶어 하는 인물이 있다).

Work Sheet

• B 그룹: 외적 이미지

1. 대체로 나의 외모에 만족한다.

2. 거울이 있으면 습관적으로 몸 전체의 표정을 쭉 훑어본다.

3. 나보다 매력적인 사람을 만나면 그 사람의 외적 이미지를 유심히 관찰한다.

4. 평소 잘 웃는 편이다.

5. 사람을 처음 만날 때 웃으면서 악수를 할 수 있다.

6. 직장 상사로부터 꾸중을 들을 때 멋쩍은 미소를 띤다.

7. 사람들 앞에 나서는 것이 결코 두렵지 않다.

8. 화장을 자연스럽게 잘 하는 편이다(남자는 면도를 제대로 잘하고 다닌다).

9. 얼굴에 트러블이 생기면 재빨리 피부과에서 진료를 받는다.

10. 체중이 불어나면 그 즉시 식사량 조절에 들어간다.

11. 피부색에 잘 맞는 컬러를 알고 체형의 결점을 커버하는 패션 감각을 가지고 있다.

12. 튀는 패션 컬러와 스타일을 좋아하며 상황에 맞는 옷을 입을 줄 안다.

13. 깔끔하고 단정한 패션스타일을 좋아하며 상황에 맞는 옷을 입을 줄 안다.

14. 상사를 만날 때 검정색 옷(양복)을 입지 않는다.

15. 여러 종류의 스카프(넥타이)를 가지고 있다.

16. 귀고리, 목걸이, 반지, 팔지 등의 액세서리를 한꺼번에 다 착용하지 않는다.

17. 자세는 구부정하지 않고 반듯하며 걸음걸이가 당당하다.

18. 몸짓과 제스처는 우아하고 품위가 있다.

19. 인사성이 좋고 친절하다.

20. 상대방을 배려하는 습관이 몸에 배어 있고 공중도덕을 잘 지킨다.

21. 내 목소리가 상대에게 거부감을 주지 않는지를 늘 의식한다.

22. 교양 있는 말투로 겸양어*를 자주 사용한다.

23. 상대의 말을 잘 듣는 편이다.

24. 대화를 할 때 상대의 눈을 쳐다본다.

25. 음식을 깨끗하게 먹고 쩝쩝 소리내지 않는다.

겸양어:
자기를 낮춤으로써 상대방에 대한 높임을 나타내는 말.

Work Sheet

[이미지 지수 평가 결과]

- I영역 : A, B가 각각 12 ~ 25

내적 이미지와 외적 이미지 모두에 관심이 대단히 많은 사람이다. 또한 삶에 대한 의욕도 대단히 강하고, 자신만의 개성을 지속적으로 잘 개발한다면 원하는 바를 무엇이든 이룰 수 있다.

- II영역 : A 12 ~ 25 / B 12 미만

내적 이미지의 가치를 중요시 여기는 사람이다. 때로는 외적 이미지를 추구하는 사람들에게서 우월감을 느낄 때도 있다. 그러나 생각을 바꾸지 않으면 안 된다. 스스로 이런 생각만 고치면 무엇이든 받아들일 수 있는 잠재력을 지닌 사람이다. 지금부터 외적 이미지에 눈을 돌리면 빠른 속도로 외적 이미지의 개선 효과를 볼 수 있다. 지성에 걸맞은 외적 이미지가 구축된다면 너무나 매력적인 사람이 될 것이다.

- III영역 : A, B 각각 12 미만

내적 이미지와 외적 이미지 모두 관심이 부족한 사람이다. 무슨 일을 해도 잘 되지 않는다는 패배의식을 가지고 있으며 자신감이 부족하여 매사에 소극적인 사람이다. 먼저 행동하면서 외적 이미지를 구축해보면 어느새 내적 이미지마저 강화될 것이다.

- IV영역 : A 12 미만 / B 12 ~ 25 미만

외적 이미지에 대한 관심은 많으나 자신에게 맞는, 즉 만족할 만한 외적 이미지를 찾지 못하여 내적 이미지의 강화 효과를 보지 못하는 사람이다. 좀 더 전략적 차원에서 외적 이미지를 추구할 필요가 있다. 그러면 자신감을 끌어내어 점차 내적 이미지를 강화할 수 있다. 약간만 노력하면 성공할 가능성이 높은 사람이다.

출처 : 정연아, 나만의 이미지가 성공을 부른다.

사례   오드리 헵번(Audrey Hepburn, 1929~1993)

내적 이미지와 외적 이미지를 겸비한 아름다운 세계의 여인

1929년 벨기에 브뤼셀에서 태어나 걸음마도 떼기 전에 백일해로 죽음의 문턱을 넘나들었던 아기의 비극은 여기에서 끝나지 않았다. 아기가 건강하게 자라 열 살이 되었을 때 부모가 이혼하게 되고 나치 추종자였던 아버지는 가족을 떠났고 아이는 할아버지 손에 맡겨졌다. 아이는 이때부터 '오드리 헵번'((Audrey Hepburn)이라는 이름을 쓰게 되었다. "난 발레리나가 될 거야" 오드리 헵번은 발레를 좋아하는 꿈 많은 발레리나로 무럭무럭 자라났다.

하지만 170cm에 달하는 큰 키가 문제였다. 발레리나는 신체적인 조건으로 이룰 수 없는 꿈이 되었지만 무대에 서고 싶다는 그녀의 꿈은 멈출 수가 없었다. 헵번은 짐을 꾸려 영국으로 건너갔다. 연극과 영화에 출연하며 자신의 꿈을 향해 한 걸음씩 걸어갈 즈음 〈로마의 휴일〉에 출연할 수 있었다. 그녀는 제7회 영국 아카데미 여우주연상과 제26회 미국아카데미와 제19회 뉴욕 비평가 협회 상에서 여우주연상을 받으며 스타덤에 올랐다. 그 후 〈전쟁과 평화〉, 〈티파니에서 아침을〉 등의 영화에 출연했다. 1989년에는 스티븐 스필버그 감독의 영화 〈영혼은 그대 곁에〉에서 우정 출연으로 등장해 노익장을 과시하기도 했다. 이 영화는 오드리 헵번의 공식적인 마지막 작품이었다.

그리고 그녀에게는 제2막의 인생이 시작되었고 유니세프 친선대사가 되었다.

"제 자신이 이차 대전 직후 유니세프로부터 식량과 의약품을 지원 받았기 때문에 유니세프가 얼마나 중요한 일을 하는가를 증언할 수 있습니다. 유니세프에 대한 감사와 신뢰의 마음은 평생 변하지 않았습니다. 앞으로도 그럴 겁니다." 전쟁 피해 아동의 구호와 저개발국 아동의 복지 향상을 목적으로 설립된 국제연합 특별기구인 유니세프는 백일해 때문에 죽음을 경험했던 오드리 헵번에게 숙명처럼 다가왔다. 60세를 바라보는 나이에 유니세프가 원하는 곳이면 어디든 달려갔다. 보수는 1년에 1달러뿐이었고 교통비와 숙박비 외에는 아무 것도 제공되지 않았지만 그녀는 열정을 다해 헌신했다. 굶주림과 병으로 죽어가는 어린 이들의 슬픈 현실을 세상에 알렸다. 곤경과 죽음에 처한 아이들을 차마 외면할 수 없었다. 그건 죄악이라고 생각했다.

그녀의 발길은 아프리카 전 지역을 비롯해 방글라데시, 엘살바도르 등 50여 곳이 넘게 이어졌다. 비행기를 타고 버스로 이동하는 험난한 여정이었지만 백발의 노구를 이끌고 걸어가는 그녀의 발걸음은 거침이 없었다. "어린이 한 명을 구하는 것은 축복입니다. 어린이 백만 명을 구하는 것은 신이 주신 기회입니다." 그녀의 끝없는 행보에 언론과 사람들의 시선도 달라지기 시작했다. 병에 걸린 아이들을 스스럼없이 만지고 고통 앞에 눈물을 흘리는 장면이 전 세계인의 가슴을 울렸다. 각국에서 구호물자와 기부금들이 모이기 시작했다. 언론을 향해 소말리아 어린이들에게 더 많은 구호의 손길을 달라고 호소했다. 하지만 사람들은 몰랐다. 이 소말리아 방문이 그녀의 건강을 더욱 악화시켰다는 것을. 사실 헵번은 소말리아를 방문하기 전부터 건강이 좋지 않았다. 그녀도 그것을 알고 있었다. 하지만 자신의 건강 때문에 소말리아 방문이 취소되는 것이 두려워 아무한테도 이야기 하지 않았던 것이다. 그녀는 아랫배에 강한 통증을 느낄 때마다 진통제를 맞으며 모든 일정을 소화했다. 그해 11월, 오드리 햅번은 대장암 말기 진단을 받았다. 명망 있는 의사들이 앞 다투어 그녀를 살려보겠다고 나섰지만 결과는 좋지 않았다. "선생님! 죄송합니다. 최선을 다했지만 암이 워낙 온몸에 널리 퍼져 있어서" 오드리 햅번은 고개를 떨어뜨린 의사의 손을 잡으며 말했다. "괜찮아요. 저한테 미안해하실 것 없어요. 그 것이 제 숙명인걸요. 오드리 햅번의 암소식이 알려졌을 때 누군가가 물었다. "당신은 왜 자신을 희생하면서까지 아이들을 돕는 거죠? "이것은 희생이 아닙니다. 희생은 자신이 원하지 않는 것을 위해 자신이 원하는 것을 포기하는 걸 의미하기 때문입니다. 이것은 희생이 아닙니다. 오히려 내가 받은 선물입니다"

오드리 햅번은 은퇴 후 오랫동안 살았던 스위스의 집으로 돌아와 가족들과 함께 생의 마지막 시간을 보냈다. 마침 크리스마스가 돌아왔다. 그녀는 가족들을 불러 모았다.

"내가 좋아하는 시가 있어. 한번 들어 보렴." 그녀는 유언처럼 시를 읊기 시작했다.

"아름다운 입술을 가지고 싶으면 친절한 말을 하라.
사랑스런 눈을 갖고 싶으면 사람들에게서 좋은 점을 봐라.
날씬한 몸매를 갖고 싶으면 너의 음식을 배고픈 사람과 나누어라.
아름다운 머리카락을 갖고 싶으면 하루에 한번 어린이가 손가락으로 너의 머리를 쓰다듬게 하라.
아름다운 자세를 갖고 싶으면 결코 너 혼자 걷고 있지 않음을 명심하라.
사람들은 상처로부터 복구되어야 하며, 낡은 것으로부터 새로워져야 하고,
병으로부터 회복되어져야하고 무지함으로부터 교화되어야 하며 고통으로부터 구원받고 또 구원받아야 한다.
결코 누구도 버려져서는 안 된다. 기억하라. 만약 도움의 손이 필요하다면 너의 팔 끝에 있는 손을 이용하면 된다. 네가 더 나이가 들면 손이 두개라는 걸 발견하게 된다.
한손은 너 자신을 돕는 손이고 다른 한 손은 다른 사람을 돕는 손이다."

크리스마스를 보내고 채 한 달도 되지 않은 1993년 1월 20일, 그녀는 눈을 감았다.

향년 63세였다. 그날은 미국의 빌 클린턴 대통령이 취임식을 하던 날이었지만 그녀의 사망 기사가 클린턴 대통령 취임 기사보다 먼저 다루어졌다. 그를 조문한 엘리자베스 테일러는 이렇게 말했다. "하늘이 가장 아름다운 새 천사를 갖게 됐다." 유엔과 민간단체 '세계평화를 향한 비전'은 장기간 유니세프 친선대사로 활동하며 인류애를 실천한 그녀를 기리기 위해 2004년 2월에 '오드리 햅번 평화상'을 제정했다. 그녀는 한 인터뷰에서 이렇게 말했다. "하루를 그냥 살아서는 안 됩니다. 하루를 소중하게 여기며 살아야 합니다. 우리들은 대부분 살아 있다는 것이 얼마나 아름다운지 감사하지 않고 표면적으로 아무 생각 없이 살아간다는 것을 저는 깨달았습니다."오드리 햅번은 은막의 스타였을 때도 유독 빛나는 별이었다. 하지만 자신의 의지와 생각대로 남을 돕는 손이 되었을 때 더욱 커다란 별이 되어 사람들의 가슴속에 영원히 남아있다. 생각대로 살지 않으면 사는 대로 생각하게 된다.

출처 : http://cafe.daum.net/ekfdud25
이미지 출처 : https://t4.search.daumcdn.net/argon/0x200_85_hr/3lL0c62usYJ

Chapter 13

시간관리
(Time management)

01 시간관리 개념 및 중요성

시간은 누구에게나 공평하게 주어진 자원이다. 하루 24시간을 초로 환산하면 86,400초이다. 시간은 형체가 없으며, 남는다고 저장할 수도 없고, 미리 가져다 쓰는 것도 안 되며 돈을 주고 살 수도 없다. 이 시간을 우리는 어떻게 활용하느냐에 따라 인생의 방향이 달라질 수 있다. 특히 대학생활은 자신의 능력을 개발함으로써 사회생활을 준비하는 과정이라 할 수 있다. 매 학기 자신의 책임하에 강의시간표를 구성하고, 공강 시간이나 방과 후의 시간을 스스로 관리해 나가야 한다. 또 1년 중 4~5개월을 방학기간으로 보내면서 많은 대학생은 구체적인 목표나 시간계획을 세우지 못한 채 값진 시간들을 낭비하는 경우가 많다.

그러므로 시간관리는 학업 스트레스를 줄여주고, 삶과 학업에 대한 만족도를 높여주며 학업 수행능력을 최대화할 수 있다. 따라서 자유롭게 주어진 시간을 효율적으로 관리하는 것이 대학생활의 성패를 좌우하는 중요한 요소이다. 시간관리는 삶에 있어서 소중한 습관이 될 것이다. 효율적인 시간관리를 통해 시행착오로 인한 실패나 불필요한 시간 낭비를 줄일 수 있다.

1 시간의 특징

❶ 시간은 성과의 한계를 규정한다.
❷ 시간이라는 자원은 다른 것으로 대체할 수 없다.
❸ 시간은 어떤 경우에도 필요하다.

2 시간계획이란?

일정 기한 내에 활동 및 업무들을 밝혀내고 형태와 순서를 우선순위에 따라 사전에 미리 구조화하는 것을 말한다.

3 시간관리 매트릭스

시간관리 매트릭스(Time management Matrix)는 중요도와 긴급함을 고려하여 시간관리를 점검해 볼 수 있는 틀이다. 제한된 시간 속에서 모든 일을 다 할 수 없으므로 일의 우선순위를 정해야 한다. 시간관리 매트릭스는 중요성과 긴급성을 두 축으로 하는 2차원의 4분면을 나타낸 것이다. 긴급한 일들은 보통 눈앞에 보인다. 따라서 이것들은 우리에게 압박감을 주고, 행동하도록 만든다. 그러나 이런 긴급한 일들은 대부분의 경우 중요하지 않다. 반면 중요성은 결과와 관계된다. 급하지는 않지만 중요한 일은 보다 더 큰 자발성과 더 많은 주도성을 요구한다.

일에는 얼마나 중요한 일인가, 얼마나 긴급한 일인가에 따라 크게 4가지로 나눠볼 수 있다.

I	중요하고 긴급한 일
II	중요하지만 급하지 않은 일
III	중요하지 않지만 급한 일
IV	중요하지도 급하지도 않은 일

表 13-1_ 시간관리 매트릭스

구분	긴급함	긴급하지 않음
중요함	I. 활동 • 위기사항 • 급박한 문제 • 눈앞에 닥친 시험 • 마감시간이 정해진 과제 • 프레젠테이션	II. 활동(자기관리 영역) • 장기적 자기계발 • 인간관계 구축 • 진로준비 • 재충전, 건강, 정서생활(진정한 휴식)
중요하지 않음	III. 활동 • 끼어드는 일 • 잠깐의 급한 질문 • 눈앞에 벌어진 긴박한 일 • 각종 모임, 약속 • 학교행사 등	IV. 활동(낭비 영역) • 바쁘기만 한 하찮은 일 • 전화잡담 • 문자메시지 • 게임이나 오락 • 지나친 TV보기

시간관리 매트릭스에서 가장 관심을 기울여야 할 부분은 II사분면이다. 시간을 관리하는 중요한 습관은 어떤 일을 우선순위에 두느냐에 있다. 많은 이들이 중요하고도 시급한 일을 가장 먼저 해야 한다고 생각하지만 중요하지만 시급하지 않은 일이 더 중요하다. 당장 급하지는 않지만 대학시절에 꼭 해야 할 일들을 소홀히 해서는 안 된다.

출처: 김경섭 역, 성공하는 사람들의 7가지 습관

인생을 사랑한다면 시간을 헛되이 버리지 말라,
왜냐하면 인생이란 시간으로 만들어지기 때문이다.

벤자민 프랭클린

4차 산업시대의 인성과 진로 및 취업

02 시간관리하는 방법

1 나의 시간관리 방법

❶ 목적과 행동의 우선순위를 결정한다.

❷ 계획을 세운다.

❸ 자투리 시간을 활용한다.

2 나의 시간관리 패턴

I. 긴급함 / 중요함
(Emergency / Importance)

II. 긴급하지 않음 / 중요함
(Not emergency / Importance)

III. 긴급함 / 중요하지 않음
(Emergency / Not importance)

IV. 긴급하지 않음 / 중요하지 않음
(Not emergency / Not importance)

③ 시간관리 방해요소

　나의 시간관리 방해요소들을 조사해보고, 방해요소들을 해결할 수 있는 방안을 모색해보자.

---

1. 시간관리 방해요소

　　1)

　　2)

　　3)

　　4)

　　5)

---

2. 해결방안

　　1)

　　2)

　　3)

　　4)

　　5)

　시계는 시간을 보기 위한 것이 아니다.
　시간을 만들기 위한 것이다.

리꼬모 카피

사례 작은 것을 소중히 할 때

한평생 시계만을 만들어 온 사람이 있었다. 그리고 그는 늙어 있었다.

그는 자신의 일생에 마지막 작업으로 온 정성을 기울여 시계 하나를 만들었다. 자신의 경험을 쏟아 부은 눈부신 작업이었다. 그리고 그 완성된 시계를 아들에게 주었다. 아들이 시계를 받아보니 이상스러운 것이 있었다. 초침은 금으로, 분침은 은으로, 시침은 구리로 되어 있었다.

"아버지, 초침보다 시침이 금으로 되어야 하지 않을까요?"

아들의 질문은 당연한 것이었다.

그러나 아버지의 대답은 아들을 감동케 하였다.

"초침이 없는 시간이 어디에 있겠느냐? 작은 것이 바로 되어 있어야

큰 것이 바로 가지 않겠느냐? 초침의 길이야말로 황금의 길이란다."

그리고 아버지는 아들의 손목에 시계를 걸어주면서 말했다.

"1초 1초를 아껴 살아야 1초가 세상을 변화시킨단다."

세상에는 '살인(殺人)'이란 말이 있다. 그렇다면 '살시(殺時)'라는 말은 어떨까. 사람을 죽이는 것은 법적으로 다루는 일이지만, 시간을 죽이는 일은 양심의 법으로 다루는 일이 될 것이다.

우리는 자주 이 양심을 외면한다. 작은 것을 소홀하게, 작은 것은 아무렇게나 해도 상관없는 것으로 생각할 때가 많다.

시계를 만드는 아버지의 말처럼 작은 것이 없는 큰 것은 존재하지도 않는다. 벽돌 하나도 10층 건물에서 소중한 역할을 하며, 벼 한 포기가 식량의 중심이 되는 것이다. 작은 것을 사랑하지 않는 사람은 결국 큰길로 가는 길을 놓치고 마는 것이다. 1초가 세상을 변화시키는 이치만 알아도 아름다운 인생이 보인다.

출처: 좋은 글 중에서

Work Sheet

나의 시간관리 점검표

• 내용을 읽어보고 10점을 기준으로 점수를 채점해 보세요.

내 용	점수 기준 (1~10점)
1. 나는 시간관리의 중요성을 알고 있다.	
2. 나는 목표를 정하고 행동한다.	
3. 나는 일의 우선순위를 정해 놓는다.	
4. 내가 중요하다고 생각한 일을 할 때는 주변사람들 제안이 있어도 그 일을 계속하는 편이다.	
5. 나는 목표로 한 일을 다 했을 때 성취감을 느낀다.	
6. 나는 무리하게 목표를 세우지 않는다.	
7. 나는 내 일정을 미리 수첩에 기록한다.	
8. 나는 시간관리 방해요소들을 과감히 제거할 수 있다.	
9. 나는 구체적이고 정확하다.	
10. 나는 일과 휴식을 병행할 수 있다.	
합 계	

• 100~80: 시간관리를 잘 하고 있다. 이미 시간관리 전문가이다.
• 80~60: 조금 노력하면 시간관리 전문가가 될 수 있다.
• 60~40: 시간관리의 중요성은 알지만 행동하기가 어려운 경우이다.
• 40점 이하: 시간관리의 중요성을 이해하고 있지 않다.

시간관리 (Time management)

4차 산업시대의
인성과 진로 및 취업

Chapter 14

글로벌 에티켓과 비즈니스 매너

01 세계시민의 글로벌 에티켓

글로벌 에티켓이란 한 국가나 한 문화의 지역적이고 특수적인 규범이 아니라 전 세계인들이 지켜야할 보편의 규범을 말한다.

💡 21세기의 성공하는 사람

IQ(지능지수) 《 EQ(감성 지수) 《 PQ(열정 지수) 《 MQ(도덕 지수) 《 DQ(디지털 지수) 《 GQ(글로벌 지수)가 더 높아야 함을 알 수 있다.

성공하는 사람들은 매너가 있어야 하고, 국제 감각이 뛰어나야 하며, 언어소통 능력이 높아야 한다.

글로벌 인재, 글로벌 리더의 역할과 중요성이 나타나며 글로벌 리더의 필수 덕목으로 "각국의 문화적 다양성을 이해하고 다양한 인종과 국적으로 구성된 종업원들과 원만한 관계 속에서 효율적으로 대화하는 것"이다.

1 에티켓의 개념과 유래

1) 에티켓의 개념

에티켓은 친절 또는 따뜻한 마음, 올바른 정신, 상대에게 폐를 끼치지 않는 것이며 타인을 존경한다는 의미도 포함되어 있다. 에티켓은 모든 생활에 다 적용되며 살아가는 데 꼭 지켜야 할 필수요건들이다.

에티켓을 제대로 지키지 않는 사람은 좋지 않은 평가를 받게 되고 에티켓을 잘 지키는 사람은 좋은 평가를 받게 된다.

2) 에티켓(etiquette)의 유래

17세기 루이 14세 시절, 복잡하고 까다로운 궁중의 법도나 규칙을 적어

성안 뜰에 붙여 출입하는 사람들이 쉽게 알아보고 지키도록 하였다.

베르사이유 궁전 파티에 참석하는 사람들이 정원에 함부로 들어가 아름다운 꽃을 밟거나 훼손하는 일이 생겨나자 정원 주변에 출입금지라는 말뚝을 박아 출입을 막았는데 이때 말뚝에 붙인 표지판에 프랑스 고어로 es-tiquer(붙이다, 결합시키다.)이다. 에티켓은 이 동사에서 유래되었다.

② 에티켓과 매너

에티켓과 매너는 예의라는 의미로 서로 구분 없이 쓰고 있는 것이 일반적이나 에티켓은 일종의 법칙으로 주관적인 판단 기준이다.

에티켓을 바탕으로 태도, 버릇, 몸가짐 등 행동으로 나타내는 주관적인 판단 기준을 매너(manner) 라고 한다.

1) 매너

매너는 타인에 대한 배려하는 마음이다. 원만한 인간관계를 유지하며 상대방을 배려하는 따뜻한 심성을 말한다.

예를 들면 몸이 불편한 사람에게 편안한 의자를 권하고 모임에서 대화에 끼지 못하는 사람에게 말을 거는 것 등이다.

2) 에티켓과 매너의 구분 방법

표 14-1_ 에티켓과 매너의 구분

에티켓	매너
사람들 사이의 합리적인 행동기준	에티켓을 행동으로 나타내는 것
형식(form): 에티켓이 있다. 없다	방식(way): 매너가 좋다, 나쁘다

3) 글로벌 에티켓 6가지 원칙

❶ 시간을 잘 지켜라(Be on Time)

❷ 신중하라(Be Discreet)

'신중하라'는 말은 시간(Time)과 장소(Place) 상황(Occasion)에 맞게 행동할 수 있는 분별력을 의미한다.

❸ 공손하고 명랑하고 긍정적으로 행동하라

(Be Courteous, Pleasant and Positive)

❹ 자신뿐 아니라 다른 사람에게도 관심을 가져라

(Be Concerned with Others, not Just Yourself)

❺ 적절한 복장을 갖춰라(Dress appropriately)

❻ 적절한 문어(文語)와 구어(口語)를 사용하라

(Use Proper Written and Spoken Language)

4) 올바른 매너와 에티켓의 원칙과 유의사항

🌱 상석(Rank)의 개념: 상대를 항상 상석에.

• 존경의 방법으로 상대를 늘 상석에 있도록 해야 한다.

• 상석의 가장 기본적인 기준은 항상 오른쪽(여성, 연장자, 길 안내, 의자 권할 때, 국기 게양–상대방 국기 오른쪽, 자동차– 뒷자석 오른쪽 창가 상석)

🌱 상호주의(Reciprocity): 받았으면 꼭 답례. 사교 에티켓에서 중요.

• 초대 - 초대, 방문 - 답장, 선물 - 적절한 시기 선물

🌱 여성존중(Lady First): 기독교와 중세의 기사도 정신에서 유래.

• 약한 여성을 돌보는 것 - 신사다운 남성으로 해야 할 덕목

🌱 순응성(Local Respected): "로마에 가면 로마법을 따르라"

• 상대방을 존중, 때와 장소에 맞는 태도가 올바른 매너

3 주의해야 할 나라별 비언어 커뮤니케이션

표 14-2_ 주의해야 할 나라별 비언어 커뮤니케이션

국가	비언어 커뮤니케이션
이탈리아	대화할 때 턱밑을 쓰다듬는 행동은 상대방의 말에 별 관심이 없다는 뜻.
대만	눈을 찡긋해서 상대방의 동의를 얻는 행동은 무례한 태도.
라틴아메리카	"따봉"을 의미하는 엄지를 올리는 행동이 라틴아메리카에서는 욕을 의미.
브라질	OK를 하는 듯한 손가락 제스처는 욕설에 해당.
영국	승리의 V 제스처는 상대방을 모욕하는 행동

우리는 기본적인 인사로 사람을 평가한다. '인사성이 밝다.' 라는 말은 곧 인사를 잘하는 사람이다. 인성이 좋다는 생각이 들고 인사를 안 하는 사람을 보면 예의가 없다고 느껴진다.

인사를 잘하는 사람은 적극성이 있는 사람, 생각이 밝은 사람, 모든 면에 모범적인 사람, 대인관계와 사회생활을 잘할 수 있다고 본다. 인사는 짧은 한마디, 작은 몸짓으로 표현되는 것에 비해 큰 의미와 가치를 담고 있다. 인사는 상대에 대한 존중이다.

① 인사란?

모든 인간관계의 시작과 끝을 알리는 신호로서 마음을 전하는 가장 신속한 방법이며 나를 표현하는 적극적 방법이다.

1) 인사의 종류

❶ 의식 경례

의식행사-관혼상제(신랑 신부의 맞절, 상가의 영좌에 대한 경례, 제례나 추모의식 등의 신위에게 하는 경례, 성년례) 때 하는 인사이다. 윗몸(허리의 각도) 90°로 굽혀 잠시 머문 뒤 천천히 일어난다.

❷ 큰 경례(정중례)

정중한 인사, 어른이나 상사, 손님에게 특히 경의를 표하는 인사이다.

감사, 사죄를 표시할 때, 고객을 배웅할 때, 부모님, 스승에게 직위가 높거나 훌륭한 저명인사를 만났을 때 한다. 허리를 45° 정도 굽혔다가 잠시 머문 뒤 천천히 일어난다.

4차 산업시대의 인성과 진로 및 취업

❸ 평 경례 (보통 경례 또는 일상례)

보통 인사로 일상생활에서 가장 많이 하는 인사이다. 손님을 맞이할 때, 같은 또래와 처음 만났을 때, 거래처 등 사회 활동을 하면서 처음 인사를 나눌 때, 나이 차이가 얼마나지 않는 학교나 사회 선배를 만났을 때 한다. 허리를 30° 정도 굽힌다.

❹ 반 경례

아랫사람의 인사를 받은 윗사람은 반드시 반 경례로 답한다. 허리를 약 15° 정도 굽힌다.

❺ 거수경례 (제복례)

제복, 제모 착용 시 하는 인사. 오른손을 들어 오른쪽 눈썹 끝의 모자 차양에 절도있게 붙인다.

❻ 목례

서로 눈이 마주쳤을 때 말없이 고개를 약간 숙이며 눈으로 하는 인사이다. 여성의 경우 남성에게 악수를 청하지 않는 대신 목례와 미소를 지을 수 있다.

❼ 악수

서양식 인사, 친근감과 평등의식의 발로이다.

2 인사의 바른 자세와 동작

💡 자세

◎ 표정: 부드럽고 밝게

◎ 허리, 등: 자연스럽고 곧게

◎ 발: 발꿈치는 서로 붙이고 양발의 각도는 15°로 벌린다.

◎ 시선: 믿음과 부드러운 눈빛으로 상대의 미간을 바라보며 (1m 전방)

◎ 고개: 반듯하게 들고

◎ 턱: 자연스럽게 당겨서

◎ 어깨: 힘을 빼고 균형 유지와 편안한 자세

◎ 손: 양손을 둥글게 쥐어 바지 옆선에 붙인다. (여자의 경우는 공수)

1) 서 있을 때의 인사

- 상체를 허리부터 숙인다.
- 약 1초간 정지한 상태로 있다가 천천히 몸을 일으킨다.
- "안녕하십니까" 등의 인사말을 한다.
- 복도에서의 인사는 윗사람이 먼저 지나가도록 배려한다.

2) 걸을 때의 인사

상대방과 2-3m 정도의 시점에 이르렀을 때 상대를 향해 기본자세를 갖춘 후 인사한다.

윗사람일 경우에는 어른이 지나간 후에 움직인다.

4차 산업시대의 인성과 진로 및 취업

3) 앉아 있을 때의 인사

허리를 곧게 펴고 바른 자세로 앉아서 머리로 인사하지 않고 허리를 숙여서 한다.

4) 좋은 인사의 6가지 포인트

- 내가 먼저 한다.
- 상대의 눈을 보며 한다. (eye contact)
- 표정을 밝게 한다.
- 인사말은 명랑하고 분명하게 한다.
- 플러스 알파의 말을 한다.
- 때와 장소, 상황에 맞는 인사를 한다.

5) 악수 예절

❶ 악수의 유래

앵글로 색슨계 민족의 인사 방식이며 우호적 관계를 맺고 싶다는 뜻으로 무기를 버리고 오른손을 내미는 데에서 유래되었으며 산업혁명 이후 일반적인 인사가 되었다.

❷ 악수의 요령

기본동작으로 오른손을 올려 엄지손가락을 교차해 서로 손바닥을 맞대고 잡았다가 놓는 것이다. 가볍게 아래위로 2~3번 흔들되 자신의 어깨보다 높이 올려서는 안된다.

❸ 악수 예절

악수는 오른손만으로 하는 것이 올바른 매너이다. 서양에서는 악수를 할 때 허리를 굽히지 않는다.

외국인과 악수할 때 두 손을 꼭 잡았다간 동성연애자로 오해받을 수도 있으니 조심해야 한다.

❹ 손 쥐는 법

상대가 아픔을 느낄 정도로 힘주어 손을 쥐어도 안되고 너무 느슨하게 잡아도 실례가 된다.

여성과 악수할 때는 약간 힘을 빼며, 손을 너무 오랫동안 쥐고 있지 않도록 주의한다.

❺ 앉고 서기

상대가 악수를 청할 때는 남자는 반드시 일어서며, 여성은 앉은 채로 악수를 받아도 무방하다.

❻ 시선 처리

악수할 때는 상대방의 눈을 똑바로 보면서 한다.

❼ 과장된 악수

윗어른은 왼손으로 아랫사람의 악수한 오른손을 덮어 쥐거나 도닥거려 깊은 정이나 사랑을 나타내기도 한다.

❽ 악수와 장갑

남성은 악수할 때 장갑을 벗는 것이 예의에 맞으며, 특히 여성과 악수할 때는 반드시 장갑을 벗어야 한다.

표 14-3_ 악수의 순서

선	후
여성	남성
지위가 높은 사람	지위가 낮은 사람
선배	후배
연장자	연소자
기혼자	미혼자

3 기타 인사법

1) 손에 하는 입맞춤(kissing hand)

신사가 숙녀의 손을 잡고 상반신을 굽혀 손등에 입술을 가볍게 대는 것이며 여자는 손가락을 밑으로 향하도록 손을 내민다. 일부 유럽이나 라틴계 국가의 사교모임에서는 자연스런 에티켓이다.

2) 포옹(Embrace)

유럽의 프랑스, 이태리 등 라틴계나 러시아 등 슬라브계 민족, 중동지역 사람들이 오랜만에 만난 친척이나 친구 사이에 하는 친밀한 인사표시로서 포옹과 함께 양쪽 볼에 입을 맞추는 관습이 있다.

사례 '악수 대신 목례' 건강까지 배려하는 인사, 목례

국민건강보험 공단은 대국민 캠페인을 통해 코로나19 상황에서 비접촉 인사 문화를 정착시켜 감염병을 예방함으로써 국민 건강권 보호 및 건강보험 재정 절감까지 꾀한다는 방침이다.

주먹악수 X　　　　목례 O

손을 이용하는 모든 인사법 위험해

코로나19 재난 상황에서 대다수 국민은 감염병 예방 차원에서 악수를 하지 않는다. 손은 사람 간 감염을 일으키는 주요 경로 중 하나이기 때문이다.

　직장인 등 사회생활을 하다 보면 방역을 이유로 상대방이 청하는 악수를 거절하기가 어려워 난처한 경우가 종종 있다. 공단의 '악수 대신 목례' 대국민 캠페인이 반가운 이유도 여기에 있다. 코로나19 시대에 비접촉 인사법인 목례야말로 상대방의 건강까지 배려하는 최고의 예의이자 매너라는 인식이 정착될 경우, 많은 국민이 부담을 느끼지 않고 자연스럽게 목례로 인사를 할 수 있기 때문이다.

참고자료: 보건복지부, 질병관리청/출처=<건강보험> 2021, 6월호

03 자기 가치를 높이는 비즈니스 매너

모든 비즈니스는 사람과 사람을 중심으로 이루어지는 만큼 서로에 대한 폭넓은 이해와 사회적 행동의 관점에서 세상을 바라보는 능력과 인간의 감정을 존중하고 각각의 행동을 이해하는 공감을 전제로 할 때 비즈니스를 성공적으로 이룰 수 있다. 그러므로 비즈니스 매너는 좋은 인간관계와 즐거운 비즈니스 환경에서 필요한 생활기술이라고 볼 수 있다. 이러한 비즈니스 매너가 사회생활을 쾌적하게 만드는 요인이 될 뿐만 아니라 개인이나 조직의 이미지 향상에 기여해 경쟁력을 높이고, 새로운 가치를 창출한다. 반면 그렇지 못한 경우 기업과 개인의 대외적인 이미지가 손상될 우려가 있다.

🌷 신뢰도를 높이는 비즈니스맨의 자세

신뢰감을 줄 수 있는 예의바른 태도, 배려하는 행동, 올바른 직업윤리관 함양은 비즈니스맨의 필수적인 자세이다.

1) 비즈니스맨의 직업윤리

사람들은 직업을 통하여 얻는 수입으로 생활을 한다. 그래서 대부분 직업을 가지고 있다. 모든 직업에서 공통적으로 지켜야 할 행동규범과 각각의 직업에서 지켜야 할 세분화된 행동규범, 집단에 속하는 구성원의 직업상의 윤리적 기준이며, 전문인으로서의 긍지와 동시에 사회에 봉사하는 것을 목적으로 하고 있는 것을 직업윤리라 한다.

2) 책임감 있는 근무매너

직장에서 출근 및 퇴근, 외출 등의 조직 내에서 이루어지는 여러 가지 일

은 사소한 것 같지만 매우 중요하다. 이러한 부분들이 성실함을 평가하는 척도가 될 수 있다.

❶ 출근 시 매너

- 업무시작 15분 전까지는 회사에 도착하여 사무실 및 사무환경을 정비하고 업무를 준비한다.
- 밝고 활기차게 자신이 먼저 인사를 하고 주변사람들에게 좋은 이미지를 줄 수 있도록 노력한다.

  [예] 좋은 아침입니다. 등

- 근무 중에는 시간(Time), 장소(Place), 상황(Occasion)에 맞는 복장을 갖추어 입는다.
- 예상치 못한 상황으로 지각할 경우 반드시 직장에 연락을 취한다. 먼저 사과와 함께 이유를 간단히 전하고 출근 예정시간을 보고한다.
- 사정이 있어 결근해야 할 경우 상사에게 전화로 사과와 함께 설명하여야 하며, 무단결근은 절대 금물이다.
- 지각과 결근 시 거래처에서 걸려올 전화가 있거나 손님 내방이 있을 경우 협조를 요청하여 사전조치를 취한다.

❷ 근무 중 매너

- 하루 중 1/3의 시간을 보내는 근무시간에는 업무에 집중하고 최선을 다한다.
- 주어진 일뿐만 아니라 능동적으로 일을 찾아서 하고 자신이 한 일에 책임질 줄 아는 조직에서 꼭 필요한 인재가 되도록 노력한다.
- 항상 예의 바르고 명랑, 쾌활하게 행동한다.
- 친한 관계일수록 예의를 지킨다. 직장에서의 관계는 공과 사를 구분하도록 한다.
- 사적인 전화나 잡담을 삼가고 근무 중 음식물 등을 먹지 않는다.

- 회사의 사무용품을 사적으로 사용하지 않는다.
- 장난을 하거나 큰소리로 웃거나 품위 없는 행동을 하지 않는다.
- 업무와 관련 없는 행동을 하거나 인터넷 서핑 및 채팅 등을 하지 않는다.
- 휴식시간의 구분을 명확히 해서 업무에 효율성을 높이도록 한다.

❸ 퇴근 시 매너

- 그날 일은 가급적 그날 마치도록 하고 지시받은 업무를 끝내지 못한 미처리된 일, 다시 해야 할 일 등은 상사에게 보고하고 다시 지시를 받는다.
- 서류나 쓰레기 등은 깨끗이 정리해 놓으며 의자와 책상의 배열을 맞추어 놓는다.
- 퇴근 시에는 중요한 파일이나 서류 등의 보안 유지에 유의하고 서류함, 사무기기 전원, 냉난방장치, 금고, 창문, 출입문 등이 잠겼는지 확인한다.
- 퇴근 시 인사는 "내일 뵙겠습니다." 먼저 갈 때는 "먼저 나가 보겠습니다. 먼저 실례합니다." 먼저 퇴근하는 사람에게는 "안녕히 가십시오." 라고 인사한다.

TIP

윗사람에게 "수고하셨습니다." "수고하세요."라는 표현은 표준언어 예절에 어긋나는 인사법이다. '수고(受苦)'는 '고통을 받는다'에 어원을 둔다. 감사의 의미로 '노고가 많으셨습니다.', '애 쓰셨습니다.'라고 표현하는 것이 바른 표현방법이다.

출처: 국립국어원

❹ 외출

- 근무 중 자리를 비울 경우 반드시 상사나 동료에게 이야기한다.
- 책상 위를 깨끗이 정리정돈한다.
- 목적과 행선지, 소요시간, 귀사시간을 상사에게 보고한다.
- 외출했을 때는 반드시 귀사하여 보고를 하고 업무를 마감한 후 퇴근한다.
- 부득이한 사정으로 바로 퇴근할 경우 상사에게 바로 퇴근하는 사유를 보고한다.

❺ 퇴사 시 매너

- 사직서 제출은 가능하면 일찍(1개월 정도) 하되, 늦어도 15일 전까지는 제출한다.
- 마지막까지 성실히 책임감 있게 일한다.
- 후임자에게 업무 인수인계를 정확히 한다.

❺ 상급자, 동료, 아랫사람에 대한 매너

◎ 상급자에 대한 매너

- 상사에게는 선배로서 그의 풍부한 경험을 인정하고 경험과 지혜를 배우려는 자세로 늘 상의하고 의견을 존중하는 태도를 가진다.
- 상사가 부르면 즉시 대답하고 메모할 준비를 하고 간다.
- 상사의 지시사항이 예정보다 늦어지거나 장기적일 때는 중간보고를 해야 한다.
- 상사에게 타당한 꾸중을 들을 때 인상을 찌푸리거나 서운함, 불평 등을 표현하지 않도록 주의한다.

- 조직생활에서 늘 언행을 조심하며 예의바르게 행동해야 한다.
- 결재를 할 때는 결재 철에 넣어야 하며, 타 부서로 이동 시에도 결재 철에 넣어서 이동한다.
- 상사의 얘기를 중간에 끊지 않도록 하며, 의문사항이 있으면 얘기가 끝난 후 질문한다.

◎ 아랫사람에 대한 매너

- 상사는 스스로 솔선수범하는 행동을 보여야 한다.
- 아랫사람의 호칭은 직책이 있으면 직책명을 부르고 직책이 없는 사람은 ~씨라고 부르며, 연령에 따라 '하시오', '하오', '하게', '해' 어휘를 적절히 사용한다.
- 윗사람이라도 아랫사람을 먼저 보면 먼저 인사를 한다.
  (인사의 원칙 중 인사는 내가 먼저)
- 아랫사람의 인격을 존중하며 사적인 심부름을 시키지 않는다.
- 특정한 아랫사람에게 관심과 사랑이 편중되지 않도록 주의한다.
- 자신의 잘못된 과오를 전가하지 말고 책임은 자신이 지며 공과 칭찬은 상사나 아랫사람에게 돌린다.
- 아랫사람의 실수는 분명히 밝혀 차후에 다시 발생하지 않도록 위로하고 격려하며 어려울 때는 적극적으로 돕는다.
- 윗사람은 항상 아랫사람이 최대한 창의력을 발휘할 수 있도록 분위기 조성에 힘쓴다.
- 윗사람은 아랫사람에게 칭찬과 격려를 아끼지 말아야 한다.

◎ 동료에 대한 매너

- 상호 간에 긴밀히 협조하며 신의를 지킨다.
- 동료의 인격을 존중하고 프라이버시를 침해하지 않도록 한다.
- 가까운 사이라도 일일이 참견하지 않으며 예의를 지키도록 힘쓴다.

3) 직장에서 신뢰받는 회의, 지시, 보고의 매너

❶ 회의 시 매너

- 회의 목적을 정하고, 의제, 회의에 필요한 시간과 장소를 정한다.
- 참석자를 정한다.
- 회의 예정표를 만들어 참석자에게 알린다.
- 회의 일정을 알린다.(일시, 회의장소, 소요시간 등)
- 참석자들이 할 일을 알린다.(정보발표, 의견제안 등)
- 참석자 명단을 첨부하여 전달한다.
- 시나리오를 작성한다. 회의를 순조롭게 진행시키기 위해 사회자의 시나리오가 필요하다. 시나리오가 준비되어 있지 않으면, 뜻하지 않은 실수를 초래하여 회의의 진행을 잘못 이끌어가기 쉬우며 흐름을 통제하지 못해 산만해질 수 있다.
- 회의록을 작성한다. 회의록에는 회의명, 날짜, 장소, 참석자명, 사회자명, 의제 토론된 사항, 결정사항 등이 기록된다.

❷ 지시받을 때 매너

- 지시받을 때는 메모할 준비를 하고 밝은 목소리로 대한다.
- 싫은 표정을 짓거나 성의 없는 대답은 주의한다.
- 지시받은 내용을 재확인하여 제대로 이해했는지 확인한다.
- 지시받은 내용에 의문사항이 있으면 상사의 말이 끝난 후 질문하여 확인한다.
- 지시받은 내용이 처리하기 곤란하거나 기한 내에 끝내지 못할 경우, 상사에게 보고하고 상의하도록 한다.

❸ 보고 시 매너

- 지시받은 내용을 중간보고를 하여 상사가 궁금하지 않도록 한다.

- 지시받은 사항이 부득이한 사정으로 지체될 때 상사에게 보고하여 양해를 구한다.
- 보고할 때는 지시한 상사에게 직접 한다.
- 보고 시 결론부터 제시하고 과정을 설명하되, 체계적으로 문서 작성을 한다.
- 업무 처리 과정에 실수가 있었을 경우 미리 솔직하게 보고하고 대책을 상의한다.
- 보고한 내용은 보고가 끝났어도 본인이 서류를 잘 보관한다.

4) 직장 내 호칭 매너

❶ 상급자에 대한 호칭

- 상사의 성과 직위 다음에 '님'의 존칭을 붙인다.　예 김 부장님
- 성명을 모르면 직위에만 '님'의 존칭을 붙인다.　예 부장님
- 직함이 없을 때　예 OO선생님, OO선배님
- 상사에게 자기를 지칭할 경우 '저' 또는 성과 직위, 직명을 사용한다.
  예 김 과장입니다. 인사과장입니다. 제가 …

❷ 하급자, 동료에 대한 호칭

- 하급자, 동료에게 성과 직위, 직명을 사용한다.　예 김 부장, 인사부장
- 여직원끼리 '언니', 남직원끼리 '형' 등의 호칭은 삼간다.
- 초면이나 선임자 경우에는 '님'을 붙이도록 한다.　예 김 길자님

❸ 틀리기 쉬운 호칭

- 상사에 대한 존칭은 호칭에만 쓴다.　예 사장님실(X) ▶ 사장실(O)
- 문서상에는 상사의 존칭을 생략한다.　예 팀장님 지시 ▶ 팀장 지시

5) 고객응대 매너

시대환경의 변화에 따라 고객들의 욕구는 다양해졌다. 고객의 니즈에 민 감하게 변화하고 적응하지 않으면 고객은 다시 찾지 않고, 기업은 생존에 위협을 받게 된다. 요즘 우리 사회에서 아무리 강조해도 지나치지 않는 것이 고객감동서비스다. 서비스는 심리학이며, 서비스는 인간관계의 배려에서 부 터 시작한다.

❶ 고객서비스의 이해

- 서비스의 사전적 의미는 재화(財貨)를 생산하지는 않으나 그것을 운반, 배급, 판매하거나 생산과 소비에 필요한 노무를 제공하는 일이다.
- 개인적으로 남을 위하여 여러 가지로 봉사함을 의미한다.
- 고객서비스는 고객에게 친절하게 대하여 고객을 만족시킴으로써 이 윤을 창출하게 만드는 과정이다.
- 고객의 요구를 파악하고 그에 맞는 응대를 하는 자세를 가져야 한다.

❷ 고객응대 프로세스

◎ 고객응대의 기본자세

- 정중하고 친절하며 아름다운 미소와 함께 응대한다.
- 손은 공수를 하는 것이 예의 바르게 보인다.
- 고객을 응대하기 위해 서 있을 때는 바른 자세를 취한다.

◎ 고객안내

- 미소를 지으며 인사한다.
- 선약이 된 경우에는 미리 준비된 장소로 안내한다.
- 안내할 때는 1m 정도 앞에서 방향 제시를 하며 고객의 속도에 맞춘다.

◎ 다과 서비스

- 기호에 맞는 음료*를 여쭈어 준비한다.

음료의 종류
- 청량음료
- 영양음료
- 기호음료

- 음료를 드리는 순서는 방문객 상급자에서 자사 상급자 순으로 드린다.
- 손님의 오른쪽에 서되, 음료는 오른쪽, 다과는 왼쪽에 놓는다.

◎ 배웅

- "찾아주셔서 감사합니다." 등 인사말로 방문에 대한 감사의 마음을 담아 배웅한다.
- 배웅 시 엘리베이터나 현관 앞까지 배웅하는 것이 보통이며 상황에 맞게 한다.
- 교통편을 여쭈어 보는 것도 배려의 한 부분이다.
- 보관물품이나 잊어버린 물품이 없는지 잘 챙겨드린다.

❸ 고객만족 서비스기본요소

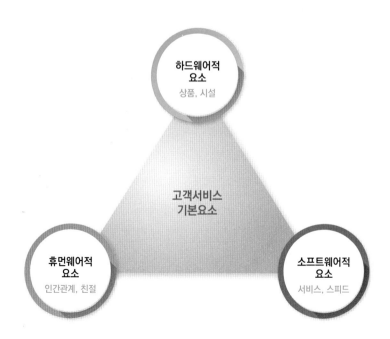

하드웨어적 요소
상품, 시설

고객서비스 기본요소

휴먼웨어적 요소
인간관계, 친절

소프트웨어적 요소
서비스, 스피드

◎ 하드웨어(hardware)적 요소

- 상품의 품질이나 성능, 디자인, 시설, 설비의 사용편리성, 분위기, 쾌적성, 내부 인테리어 등에 해당되는 부분을 나타낸다.
- 처음 들어서서 좋은 인상을 줄 수 있는지, 이용 중 청결하고 편리한지에 대해 점검한다.

◎ 휴먼웨어(humanware)적 요소

- 고객접점 직원의 응대서비스, 정보제공, 각종 이벤트행사 등으로 탄력적 고객서비스를 유지할 수 있는 요소로서 고객관심과 참여도를 높일 수 있으며, 직원의 서비스가 중요한 영향력을 미치는 요소이다.

◎ 소프트웨어(software)적 요소

- 예약, 결재시스템, 불만처리과정, 고객만족 유지관리시스템 등으로 지속적인 고객관리를 위한 것으로 고객 이용 시 편리성과 효율성에 영향을 주는 요소이다.

출처: http://cafe.daum.net/ashacs. 재구성

❹ **불만고객 응대 매너**

◎ 불만고객의 원인

- 고객의 불만 발생 원인을 분류해보면 크게 회사 문제, 고객 자신의 문제, 직원 문제로 나누어 볼 수 있다. 이중 고객불만이 발생되게 되는 가장 큰 원인은 직원들의 고객응대 과정에서 비롯되는 것으로 조사되었다. 즉, 직원의 응대가 불친절하거나, 규정만 내세우는 안내, 업무처리 미숙, 타 부서로 책임회피로 인한 불만이 전체 대비 65%로 가장 많이 발생되는 것으로 나타났다.

MOT(Moment of Truth)

스페인의 투우용어에서 유래되었으며, 마케팅학자 리츠다 노만(R. Norman)이 서비스 품질관리에 처음 사용한 용어이다.
고객과의 처음 만나는 접점의 중요성을 일컫는 말이다.

MOT는
- 진실의 순간
- 결정적인 순간
- 투우사가 소의 급소를 짜르는 순간
- 실패가 허용되지 않는 중요한 순간으로 설명할 수 있다.

◎ 서비스업에서 공통으로 발견되는 직원의 응대 태도 불량 7가지

- 무관심: 고객이 찾아와도 관심이 없거나 적극적으로 응대하지 않는 행위
- 무시: 고객의 요구나 문제를 피함으로써 고객의 기분을 상하게 하는 행위
- 냉담: 귀찮아하며 친절하지 않은 모습으로 고객을 당황하게 만드는 일
- 생색: 생색을 내거나 건방진 태도를 보이는 행위
- 핑계: 조직의 내부규정을 앞세워 예외를 인정하지 않고 융통성이 부족한 경우
- 책임 회피: 서로가 담당이 아니라고 여기저기 고객을 돌리는 행위
- 로봇화: 기계적으로 응대함으로써 인간미를 전혀 느낄 수 없는 태도

◎ 불만고객의 요구사항

- 잘못된 부분에 대한 정확한 설명
- 사과
- 적절한 보상
- 문제의 개선
- 정당한 불만을 가지고 있다는 것에 대한 인정

🌱 불만고객 응대 7단계

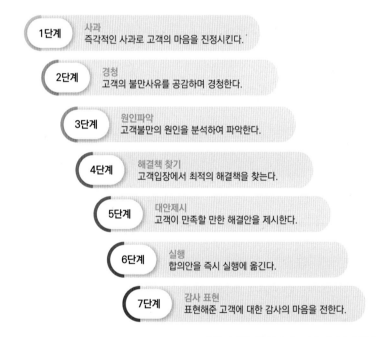

1단계 사과
즉각적인 사과로 고객의 마음을 진정시킨다.

2단계 경청
고객의 불만사유를 공감하며 경청한다.

3단계 원인파악
고객불만의 원인을 분석하여 파악한다.

4단계 해결책 찾기
고객입장에서 최적의 해결책을 찾는다.

5단계 대안제시
고객이 만족할 만한 해결안을 제시한다.

6단계 실행
합의안을 즉시 실행에 옮긴다.

7단계 감사 표현
표현해준 고객에 대한 감사의 마음을 전한다.

출처: 오정주 외, 2013. 비즈니스 매너와 글로벌 에티켓

◎ 클레임(claim)과 컴플레인(complain)

고객의 불만을 표현하는 방법에는 원인에 따라 클레임과 컴플레인 2가지로 구분할 수 있다. 클레임과 컴플레인의 공통점은 고객이 무언가에 대해

만족하지 못한 상태로, 고객이 불만을 표현하는 원인에 따라 클레임과 컴플레인으로 구분할 수 있다.

- 클레임 고객이 객관적인 관점에서 문제나 불만사항에 대한 배상이나 수정을 요구하는 의미가 더해진다.

     음식에서 이물질이 나왔다.
    주문한 메뉴와 다르다.
    주문한 후 시간이 오래 걸렸다.

- 컴플레인 고객의 주관적인 관점에서 평가하고 불만을 제기하며 불평을 전달하는 것으로 고객의 감정이 개입된 것이다. 즉시 행동 또는 자체 내부의 조치에 의해 해결될 수 있는 것이다.

     직원이 불친절하다.
    서비스에 대한 불평, 음식 맛에 대한 불만족

TIP

컴플레인의 효과적인 처리원칙

- 변명을 하지 않는다.
- 흥분된 고객에게 목소리 톤을 낮추어 대응한다.
- 장소, 사람, 시간을 바꾸어 본다.

04

상황별 비즈니스 매너

비즈니스의 성패 여부는 올바른 매너 지식을 갖추고 그것을 어떻게 실행하느냐에 따라 달라진다. 상황에 맞는 세련된 비즈니스 매너와 에티켓을 실천하여 긍정적인 신뢰관계를 이루어 바람직한 관계형성을 이루는 초석이 되도록 한다.

1 초대와 방문 매너

사회생활을 하다보면 남을 초대하기도 하고 방문도 하면서 서로 관계를 돈독히 한다. 방문과 초대는 서로의 교제를 깊게 하고 상대방에게 친밀감을 느낄 수 있는 자연스러운 계기가 될 수 있다.

❶ 초대 매너

- 초대 장소에 대한 위치와 약도, 교통편과 주차시설 등을 자세히 안내한다.
- 초대한 손님을 따뜻이 맞이하고 예의를 갖추고 정중히 모신다.
- 초대한 측은 손님을 맞이함에 있어 좌석배치 등 위계질서에 주의한다.
- 초대 대상을 정할 때 합석하기가 거북한 사람을 동시에 초대하지 않는다.

❷ 방문 매너

- 업무의 성격에 따라 타 회사를 방문할 경우에는 목적과 용건을 분명히 하고 상대방의 형편을 알아본 뒤 방문하는 것이 예의이다.
- 자기가 회사의 대표로 방문하고 있다는 생각과 마음가짐으로 매너를 잘 지킨다.
- 약속시간보다 조금 여유 있게 도착하여 용모와 복장을 점검하며 명함을 미리 준비한다.
- 사전에 약속한 시간은 반드시 지킨다. 늦어질 경우 미리 연락하되, 약속시간 30분 이전에 도착 가능시간을 알린다.
- 사무실은 업무 공간이므로 오랫동안 머무르지 않는다.
- 미팅 중에는 신뢰감이 느껴질 수 있도록 자신감 있는 태도로 임한다.
- 업무 협조 내용은 반드시 메모한다.
- 미팅의 결과와 상관없이 시간을 내어 준 것에 대한 감사의 인사를 한다.
- 목적이 잘 달성되었을 경우에는 충분히 감사의 표현을 하고, 잘 이루어지지 않았으면 차후의 미팅을 상의하여 협조를 구한다.

② 소개와 명함 매너

❶ 소개

사회생활에서 인간관계는 만남에서 시작되며, 처음 만나 인사를 나누는 자리에서 그 사람의 첫인상이 결정된다. 소개는 사교의 시작이며 사람과 사람을 만나게 할 때 형식과 매너를 갖추는 것이 사회생활에서 알아야 할 중요한 부

분이다. 자신을 당당하고 정중하게 소개할 줄 알아야 하며 다른 사람을 소개할 때와 소개받을 때도 상황에 맞는 매너가 필요하다.

◎ 자신을 소개

- 자신을 직접 소개할 경우 존칭을 사용하지 않는다.
- 비즈니스 관련하여 자신을 소개할 경우 자신의 이름뿐 아니라 회사나 담당 업무 등을 간략하게 소개하는 것이 좋다.
- 소개할 때는 밝고 명랑한 표정과 목소리로 한다.
- "잘 부탁드립니다.", "만나 뵙게 되어 영광입니다.", "기쁩니다." 등의 인사말을 하는 것이 좋다.

◎ 소개를 받을 경우

- 밝은 표정으로 반가움을 표현하며 소개하는 사람이 불편해 하지 않도록 배려한다.
- 상대의 직급이나 이름 등을 주의해서 잘 듣고 기억하도록 한다.

◎ 소개순서

- 지위가 낮은 사람을 높은 사람에게
  (비즈니스상에는 직급이 우선이다. 하급자가 나이가 많더라도 상급자에게 소개한다)
- 연소자를 연장자에게, 후배를 선배에게
- 소수의 사람을 다수에게
- 친한 사람을 먼저, 가족이나 직장동료를 손님에게
- 소개를 부탁한 사람을 상대에게

❷ **명함**

명함은 visiting card(사교용 명함)와 business card(업무용 명함)로 구분이 된다. 미국의 경우 사교용 명함과 업무용 명함을 구별하여 쓰는 것이 일반적이다. 보통 업무용 명함에는 이름과 직위, 회사로고, 회사명, 전화번호, 이메

일 주소, 팩스번호를 기재한다. 사교용 명함에는 주소와 이름만을 필기체로 기재한다.

- 자신을 간략하면서도 정확하게 전달할 수 있는 효과적인 매체가 명함이다.
- 명함은 대인관계 시 지참해야 하는 필수품이다.
- 명함을 건넬 때는 선 자세로 간단한 인사말과 함께 건네는 것이 좋다.
- "저는 S기업 ○○부의 ○○○입니다."라고 이름을 분명하게 발음하며 전달한다.
- 오른손으로 명함의 여백 부분을 잡고 상대가 바로 읽을 수 있는 방향으로 건넨다. 왼손은 오른손을 살짝 받치는 느낌으로 예의를 표한다.
- 명함은 아랫사람이나 방문한 사람이 먼저 건넨다.
- 회사나 기관에서 여럿이 인사하는 경우에 책임자에게만 전달한다. 모두에게 전달할 경우 직위 순으로 건넨다.
- 사람을 만나러 갈 때 명함을 준비하고 만나는 사람 수보다 여유 있게 준비한다.
- 명함은 명함지갑에 넣되, 남성은 양복의 안주머니, 여성은 핸드백에 보관한다.
- 명함을 동시에 주고받을 때, 오른손으로 건네고 왼손으로 받되 오른손으로 받쳐서 읽는다.
- 명함을 받을 때 정중하게 일어서서 두 손으로 받되, 손바닥 전체로 받는다.
- 명함이 없는 경우 상대에게 양해를 구하고 깨끗한 종이에 이름과 연락처, 회사명 등을 적어 전달한다.

• 명함은 상대방의 얼굴이므로 구기거나 낙서를 하면 안 된다. 상대 앞에서 명함에 메모하는 것, 또한 실례이다. 돌아와서 명함철에 보관할 때 상대의 취미, 특이사항 등을 간략히 기록해 놓으면 참고가 되어 비즈니스를 성공으로 이끄는 데 도움이 될 수 있다.

TIP

명함의 유래

명함은 루이 14세 때 생겼다고 전해지며, 루이 15세 때는 현재와 같은 동판 인쇄의 명함을 사교에 사용했다고 한다. 또 중국에서는 옛날부터 친구 집을 찾아간 경우, 친구가 부재 시에는 자기 이름을 쓴 것을 놓고 오는 관습이 있었다. 독일의 경우도 중국과 비슷한 용도로 16세기경 이름을 적은 쪽지를 사용했다. 일본은 1854년 에도막부의 관리가 방일한 미국 사절단에게 자신의 지위와 이름을 적어 건네주었다. 우리나라 최초의 명함 사용자는 한국인 최초의 유학생인 유길준이다. 이렇듯 동서(東西)에서 오랜 역사를 갖고 있는 명함은 사교 및 사회생활에 있어 자신을 대신해주는 역할을 해왔다.

③ 격식에 맞는 경조사 매너

사람은 태어나면서부터 일생을 통해 통과의례를 거치게 된다. 사회생활을 하다보면 통과의례를 비롯해서 다양한 경조사에 서로 참석하게 된다. 특히 경조사는 특별한 행사인 만큼 격식을 갖추어 예의 바르게 행동해야 한다. 슬픈 일과 기쁜 일을 구분할 수 있어야 하며, 상황에 맞는 언행을 하도록 주의하고 그 마음을 바르게 전달할 수 있는 선물이나 답례의 방법도 익혀야 한다.

❶ 문병 매너

• 병문안은 방문할 시기를 신중히 잡는 것이 중요하다. 입원 직후, 고통이 심할 때는 피하는 것이 좋다.
• 가능한 병문안은 짧게 병원에서 정한 면회시간을 준수한다.
• 환자가 잘 수 있는 이른 시간이나 너무 늦은 시간, 환자 식사시간, 진

4차 산업시대의 인성과 진로 및 취업

료, 의사의 회진시간은 피한다. 진료나 회진 시 방문했을 때는 복도나 밖에서 기다린다.

- 환자의 상태와 관계없이 아이를 동행하지 않는다.
- 여럿이 한꺼번에 문병하여 소란스럽게 하지 않는다.
- 환자를 흥분시키거나 불안하게 하는 화제는 삼가고 즐겁고 희망적인 이야기로 환자의 마음을 편안하게 한다.
- 화려한 복장이나 향이 짙은 향수는 피한다.
- 문병 시 꽃 선물은 지양하며, 환자가 꼭 필요한 물건, 음식을 고려하여 준비한다.
- 면회 사절의 상황이 있을 때, 또는 본인이 면회를 피하고 있을 경우는 격려의 편지와 위문품을 가족에게 맡기고 상태가 호전되었을 때 다시 방문하도록 한다. 환자에 대한 배려야말로 최고의 위로가 된다.

의료인 100명에게
'한국 병문안 무엇이 문제인가' 물었더니

응답자: 간호사 70명, 의사 및 기타 의료 종사자 30명, 응답자 1인당 3개 항목씩 선택

항목	비율
지나치게 큰 소리로 떠드는 경우	19.7%
술을 마시고 병실을 방문하는 경우	18.7%
여러 명의 방문객이 한 번에 몰려오는 경우	15%
방문객이 환자의 병상에 앉거나 눕는 경우	10%
병실에 들어갈 때 제대로 손을 씻지 않거나 소독하지 않는 경우	9.3%
환자와 함께 외출하는 경우	8.7%
면회시간 준수하지 않는 경우	6%
외부 음식 반입하는 경우	4.3%
병실에 너무 오래 있는 경우	3.3%
면회, 나이제한을 어기는 경우	2.7%
기타(심한 종교 활동, 효과가 입증되지 않은 건강보조식품 등)	2.3%

출처: 조선일보 2015. 6. 16.

문병 시 인사말

- "요즘 병환이 좀 어떠십니까? 차도가 좀 있으시다니 다행입니다."
- "사고를 당하셨다기에 무척 놀랐습니다. 이만하기가 다행입니다."
- "지난번보다 안색이 많이 좋아 보이십니다. 이제 완쾌되겠지요."

문병 문구: 기쾌유(祈快癒): 빠른 쾌유를 바란다는 위로의 마음을 전할 때 사용

◎ 쾌유에 대한 매너

병이나 상처가 완전히 나았을 때는 건강하게 되었음을 알림과 동시에 위로를 해준 사람들에게 감사의 인사를 표현하는 것이 예의이다.

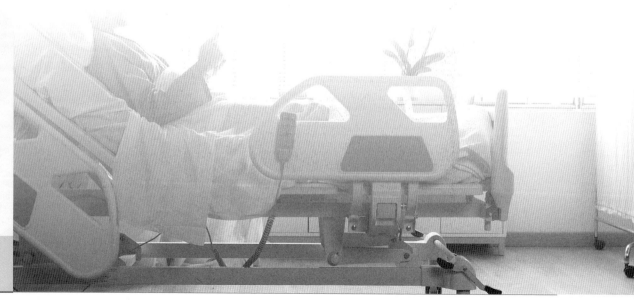

❷ 조문 매너

- 가까운 친지나 친척의 부고를 받으면 가능한 빨리 가서 애도를 표한다.
- 상주를 위로하고 할 일을 분담하여 상주를 돕는다.
- 휴대전화는 진동으로 하거나 전원을 꺼둔다.
- 상가에서 큰소리로 떠들거나 웃는 행동은 삼간다.
- 유족에게 말을 많이 시키지 않는다.
- 무작정 나서서 일에 참견하지 않는다.
- 망인이 장수하시고 돌아가셨을 때 호상(好喪)이라 하여 웃고 떠드는 일이 있으나 이는 옳지 않다.(어떠한 죽음도 호상일 리가 없다)
- 종교나 풍습 차이로 상례절차가 다름을 이해하고 예를 갖추어 존중하고 따른다.

◎ 조문 시 옷차림

남성

- 검은색 양복을 입는다.
- 갑자기 연락을 받아 미처 검은색 양복이 준비되지 않은 경우 감색이나 회색도 무방하다.
- 와이셔츠는 가급적 흰색으로 입고 넥타이, 양말, 구두는 검은색으로 한다.
- 사정상 정장을 하지 못하고 평상복일 경우 단정한 복장을 하되, 화려한 무늬나 원색의 옷차림은 피하고 치장을 삼간다.
- 상가 앞에서 모자와 외투는 벗는다.

여성

- 옷차림은 되도록 검은색으로 하되, 상의는 흰색 옷도 무방하다.
- 검정색 구두에 무늬가 없는 스타킹이 좋다.

- 진한 화장과 향수는 피하는 것이 좋다.
- 액세서리는 될 수 있으면 하지 않는 것이 좋다.

◎ 조의금

- 상주에게 직접 전달하지 않는다.
- 형편과 친분에 맞게 적당한 금액으로 성의를 표한다.
- 깨끗한 흰 봉투에 검은색으로 이름이나 문구를 작성한다.
- 조의금 함을 비치해 조의금을 받는 것이 일반적인데 함에 넣고 방명록에 이름을 기입한다.

> 조의 문구 : 부의(賻儀), 근조(謹弔), 조의(弔意), 전의(奠儀), 향촉(香燭) 등

◎ 조문 순서 및 방법

- 영전에 향을 피운다.(일반적으로 홀수. 1개 또는 3개) 불꽃은 입으로 불지 않고 왼손으로 흔들어 끈다. 향 대신에 국화를 놓는 경우도 있다.
- 잠시 눈을 감고 명복을 빈다.
- 남성은 2번, 여성은 4번 절하고 일어서서 반절을 한다.(요즘은 상황에 맞게 여성들도 2번 절한다) 또한 종교를 가진 사람은 종교의식에 따라 기도 또는 묵념으로 위의 행위를 대신할 수 있다.
- 상주에게 맞절하고 마주앉아 조문에 해당하는 인사말을 한다.
- 조문 시간은 너무 길지 않도록 한다.
- 대접하는 다과가 있으면 간단히 들고 일어난다.
- 상가의 화제는 죽은 이를 추모하거나 자손들의 효성을 칭찬하거나 장례절차에 관한 것이며, 잡담이나 큰소리, 노래, 춤 등으로 무례를 범하지 않아야 한다.
- 가까운 사이의 경우 문상으로 끝내지 말고, 함께 밤샘을 해주거나 일을 도와주는 것은 유족에게 큰 위로가 될 수 있다.

조문 시 인사말

- '얼마나 상심이 크십니까.'
- '무어라 위로의 말씀을 드려야 할지 모르겠습니다.'

조문 인사말 답변

- '오직 슬플 따름입니다.'
- '뭐라 드릴 말씀이 없습니다.'
- '고맙습니다.'

❸ 꽃과 선물 매너

상대에게 감사의 마음이나 축하의 마음을 전달하고자 할 때 정성의 표시로 꽃이나 선물을 함으로써 서로의 관계 형성에 중요한 역할을 한다. 특별한 행사를 축하하는 의미 외에 사랑과 감사, 사과 등의 의미를 나타낸다. 비즈니스상 외국인들에게 선물을 할 경우 그 나라의 문화와 관습을 잘 이해하고 전달해야 한다. 잘못하면 자신의 의도와는 다르게 오해를 받을 수 있다. 선물을 할 때의 주의사항과 받을 때의 매너를 알아두는 것은 대인관계를 잘 유지해 나가는 지혜라고 할 수 있다.

◎ 꽃과 매너

- 꽃은 생활을 풍요롭게 해주며, 공간의 분위기를 바꾸어주기도 하고 기쁨과 슬픔, 환영, 감사 등 우리의 감정을 나타내주는 중요한 역할을 한다.
- 꽃을 선물할 때는 꽃말과 함께 마음을 담은 따뜻한 말을 카드에 적어 보내는 것이 좋다.

- 병문안 시 향이 너무 강하면 방해가 되므로 주의한다. 알레르기 반응이나 병원에서 꽃 사용 금지 등을 확인 후 선물한다.
- 받는 사람이 평소에 선호하는 꽃을 선택하며, 취향을 모르면 꽃의 색깔과 꽃말 등을 생각하여 선물하는 의미에 적합한 것을 한다.
- 축하할 경우 색상과 모양이 화사한 꽃과 리본도 화사하게, 장례식인 경우 활짝 핀 국화에 검은색, 흰색 리본을 맨다. 각 국가별로 꽃의 의미가 다르므로 국가별 꽃의 의미도 알아두는 것이 중요하다.

◎ 선물을 보내는 매너

- 선물은 받는 사람의 환경, 취향, 실용가치, 친분관계 등을 참고하여 적합한 것을 선택한다.
- 의미 있는 행사나 기념일의 시기를 맞추지 못하는 선물은 의미가 감소될 수 있으므로 미리 준비하여 적절한 시기에 전달하는 것이 중요하다.
- 선물을 보낼 때 가격표가 있는 채로 보내는 것은 상대방에게 부담을 주는 것으로 실례가 된다.
- 선물은 방문하자마자 간단한 인사와 함께 바로 건네는 것이 좋다.
- 선물을 전달할 때 "변변치 않지만…….", "별거 아니지만.." 등의 말을 하는 것보다 "잘 어울리실 것 같아 골랐습니다." "필요하실 것 같아서 준비했습니다." 등의 말을 하는 것이 좋다.
- 선물을 직접 전하지 못할 때 편지나 명함 등을 함께 넣어 보낸다.
- 너무 고가이거나 사치적인 것, 종교적인 것은 종교가 일치하지 않을 경우 부담스러울 수 있으므로 조심한다.

◎ 선물을 받는 매너

- 선물을 받았을 때는 그 자리에서 즉시 풀어보고 기쁨과 감사의 표현을 한다.

- 포장지를 함부로 뜯으면 정성스럽게 포장한 사람의 마음을 상하게 할 수 있으므로 조심스럽게 풀어보는 것이 매너이다.
- 우편으로 선물을 받았을 경우에는 선물한 사람이 궁금해 하지 않도록 바로 잘 받았다는 전화나 메일 등을 보낸다.
- 당연히 받아야 할 것처럼 받아서는 안 되며, 감사한 마음자세로 받는 것이 예의이다.

❹ 결혼식 매너

◎ 기본 에티켓

- 의상은 품위 있고 단정한 정장차림이 좋다. (청바지, 슬리퍼 착용은 피한다)
- 결혼식 10분 전에는 식장에 도착해 여유 있게 예식을 기다리는 것이 매너이다.
- 결혼식에 참여하는 주요 의미는 진심으로 새로운 출발을 축하하는 의미이므로 예식을 보지 않고 바로 식당으로 가서 식사하는 것은 예의가 아니다.
- 여성의 경우 화사하고 밝은 색상의 옷을 입고, 남성은 화려한 타이를 매는 것이 분위기를 더 살릴 수 있다.
- 결혼식은 신부가 주인공이므로 신부보다 돋보이는 화려한 의상은 주의한다.
- 하객 가운데 신랑, 신부 가족이 섞여 있으므로 신랑, 신부, 가족에 관련된 부정적인 이야기는 하지 않는다.
- 사진이나 비디오 촬영 등을 할 경우 밝고 즐거운 표정으로 적극적으로 임한다.

◎ 축의금

- 친분과 형편에 맞게 금액을 정한다.
- 봉투는 흰색의 겹 봉투를 사용한다.

- 봉투의 앞면에는 축하의 문구, 뒷면에는 이름을 적는다.
- 가능한 식전에 도착해 혼주에게 축하인사를 하고 방명록에 이름을 기재하고 축의금을 전한다.

글로벌 에티켓과 비즈니스 매너

4차 산업시대의
인성과 진로 및 취업

창업세계 이해

창업의 기본요소와 절차

💡 창업이란

기업을 경영하기 위하여 자본을 투자하여 사업을 시작하는 것

1 창업의 3요소

창업자

창업의 주체이며
능동적인
조직가로서
사업아이템과
자본을 결합하여
회사를 새로이
설립하는
주체이다.

창업자금

회사를 설립하는
데 필요한 인력,
설비, 기술,
원자재 등
투입요소를
동원하기 위한
재화이다.

사업아이템

사업항목이다.

2 창업자가 갖추어야 할 요소

❶ 건강상태

육체적 건강은 물론 정신적 건강도 함께 중요하다.

❷ 전문지식

창업자는 자신이 하려는 해당 사업 분야나 관련 분야에 대한 전문지식을
가지고 있어야 한다.

❸ 스마트(smart)한 사고

창업가는 지혜롭고 현명한 사고를 가져야 한다.

❹ 모험심

창업행위는 그 자체가 하나의 모험이다. 창업은 늘 크고 작은 위험이 동반되므로 어려운 결단이 요구된다.

❺ 책임감

사업의 주체자로서 창업가에게는 남다른 책임감이 요구된다. 창업가는 혼자서 많은 역할을 수행하게 되며, 그러한 역할의 영향이 사업과 관련된 많은 이해관계자들에게 영향을 미치게 된다.

❻ 성실성

창업가는 여러 면에서 성실해야 한다. 항상 최선을 다하는 성실한 자세가 유지되어야 한다.

❼ 자신감

창업가는 모든 일에서 자신감을 가져야 한다. 어떤 일을 시작하는 단계에서는 일을 할 수 있는 능력보다 자신감이 더 중요하다.

❽ 결단력

어려운 의사결정을 수시로 해야 하므로 뛰어난 결단력이 필요하다.

❾ 지구력

인내력과 지구력은 대단히 중요하다. 일단 시작한 일에 대해서는 인내하며 최선을 다하는 지구력이 필요하다.

❿ 올바른 인성

창업가는 올바른 인성을 가지고 있어야 한다.

3 창업의 단계별 절차

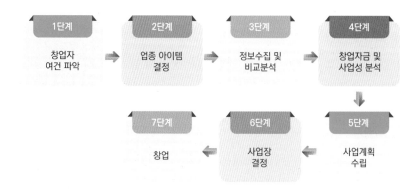

1단계	2단계	3단계	4단계
창업자 여건 파악	업종 아이템 결정	정보수집 및 비교분석	창업자금 및 사업성 분석

7단계	6단계	5단계
창업	사업장 결정	사업계획 수립

4 창업의 일반적인 절차

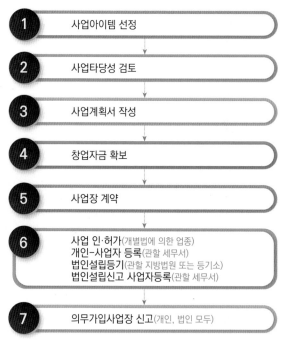

1 사업아이템 선정

2 사업타당성 검토

3 사업계획서 작성

4 창업자금 확보

5 사업장 계약

6 사업 인·허가(개별법에 의한 업종)
개인-사업자 등록(관할 세무서)
법인설립등기(관할 지방법원 또는 등기소)
법인설립신고 사업자등록(관할 세무서)

7 의무가입사업장 신고(개인, 법인 모두)

출처: 박건실, 경영의 이해와 창업, 한올출판사

02 창업의 유형

1 업종에 따른 분류

❶ 제조업

원료를 투입하여 새로운 제품을 만드는 사업

❷ 음식 및 서비스업

서비스업은 형태가 다양하여 간단히 정의하기가 어렵지만 한 가지 특징은 제공된 서비스를 원래 상태대로 환원하기 어렵다는 것이다. 서비스업 분야의 창업은 산업화가 고도화됨에 따라 비중이 늘어나고 있다.

❸ 유통업

도매, 소매점을 창업하는 것을 말한다. 일반적으로 제조업보다 생활과 밀접한 서비스 및 유통업의 창업이 많다.

2 독립사업과 프랜차이즈 가맹사업

❶ 프랜차이즈 가맹사업

프랜차이즈 가맹점(Franchisee)이란 프랜차이즈 본부(Franchiser)로부터 상품관리 등에 대한 지원을 받는 대신 사업경쟁에 있어 체결한 계약에 따라 제약을 받게 된다.

- 상호 사용, 원자재 공급, 경영기술 지도 ▶ 본부와 약속한 바를 이행
- 제품의 종류, 크기, 가격, 서비스 방법 ▶ 본부와 약속한 바를 이행

- 많은 소매업, 서비스업에서 프랜차이즈 형태로 확산
- 프랜차이즈 성장이유: 여러 점포가 같은 물건을 취급해서 경제성이 커지며 경영기술은 본부업체와 가맹점이 효과적으로 협력하여 수익성과 경쟁력을 높일 수 있다.

❷ 독립사업

- 개별점포마다 독자적인 상호를 사용
- 원자재 구입, 제공하는 음식, 서비스의 종류가 독립적인 사업자의 의사결정
- 일반적으로 음식을 제공하는 요식업이 많다.

③ 혁신적 창업과 모방창업

❶ 혁신적 창업

기술, 경영, 제품 등에 있어 기존 사업과 크게 다른 창업

예 발명품의 사업화, 새로운 정도가 큰 제품을 생산, 경영방식이 혁신적인 방법을 이용하여 효율이 높은 새로운 기업을 창업

❷ 모방창업

기존의 기업과 거의 같거나 유사한 형태의 기업의 창업

예 프랜차이즈 가맹점

④ 개인중심 창업과 팀중심 창업

❶ 개인중심 창업

개인이 창업을 주도하여 제품결정, 자금조달, 경영을 주도한다.

- 장점: 책임과 권한의 소재가 분명, 의사결정이 신속하다.
- 단점: 자본과 경영기술을 개인에게 의존하는 한계가 있다.

❷ 팀중심 창업

2명 이상의 사람이 공동으로 창업을 주도한다.

- 장점: 의사결정이 신중하고 전문화되어 있다.
- 단점: 구성원들의 견해 차가 생길 때 의사결정이 느리고 책임 소재가 불분명하다.

5 무점포 창업

점포나 공장이 거의 없거나 거주지의 공간을 활용하여 격식을 갖춘 공간이 없는 경우가 해당된다. 점포를 확보하는 자금이 소요되지 않으므로 경제적인 면에서 효율적이다.

> 예 정보제공업, 번역사업, 소규모의 통신판매사업 등

6 기업합병, 매수(M&A)

사업에 투자하는 방법 중의 하나가 이미 설립된 기업을 합병, 인수하여 사업을 시작하는 것. 사업의 목적은 창업이 목적이 될 수 있지만 창업을 통하여 이윤 추구가 목적이므로 기업을 매입하는 경우가 있다.

- 장점: 사업이 안전단계에 이르는 시간이 단축된다.
- 단점: 전 사업자의 나쁜 평판이 지속될 가능성이 있다.

03 사업계획서

　　사업계획서란 사업의 내용, 경영방침, 기술문제, 시장성 및 판매전망, 수익성, 소요자금 조달 및 운용계획, 인력 충원 계획 등을 기록한 서류로서 사업의 성공 여부를 가늠할 수 있는 척도이다.

1 사업계획서 작성 시 유의사항

- 사업계획서는 살아 있어야 한다.(새로운 요소가 발견되면 바로 수정. 계획사업에 잠재되어 있는 문제점에 대해 항상 열린 마음으로 점검. 수정작업 필요)

- 사업계획서는 충분성과 자신감을 바탕으로 작성되어야 한다.

- 객관성 및 타당성이 있어야 하며 아이템의 성장가능성, 시장조사, 경쟁사 비교 등 숫자를 부풀리거나 자료를 왜곡하지 않아야 한다.

- 핵심내용을 강조, 부각시켜야 하며 전문용어의 사용을 피하고 보편적으로 설득력 있게 작성되어야 한다.

- 자금조달 운용계획은 정확하고 실현가능성이 있어야 한다.

- 잠재성과 수익성을 제시해야 하며 좋은 아이템이라도 잠재성을 가지고 수익을 낼 수 있는 방향의 비즈니스 모델을 제시해야 한다.

- 예상되는 성장가능성, 문제점과 해결방안을 제시하며 시장의 성장 동향 및 성장가능성을 가지고 성공할 비전을 제시한다. 아이템이 가지는 문제점을 생각하고 향후 그 문제점이 나타날 때 해결할 수 있는 방안도 미리 제시한다.

출처: 이정완, 소호, 창업과 경영 이렇게 하라. 새로운 제안, 2000. 재구성

② 사업계획서의 용도

사업계획서는 창업자와 많은 이해관계자들에게 다양한 기능을 수행하는데, 크게 내적 기능과 외적 기능으로 구분한다.

❶ 내부 관리용

경영관리, 사업의 지침서

❶ 외부 제출용

사업 인·허가, 자금조달

Work Sheet

• 나만의 사업계획서를 작성해보자.

사 업 계 획 서

<table>
<tr><td rowspan="4">신청인</td><td>대표자 성명</td><td colspan="2"></td><td>전화번호</td><td colspan="3"></td></tr>
<tr><td>자택 주소</td><td colspan="6"></td></tr>
<tr><td>주요 경력</td><td colspan="6"></td></tr>
<tr><td>최종학력(전공)</td><td colspan="6"></td></tr>
<tr><td rowspan="3">사업체
현황</td><td>사업체명</td><td></td><td>종사자수
(예상)</td><td>명</td><td>점 포
(예정)면적</td><td colspan="2">평</td></tr>
<tr><td>사업체 주소</td><td colspan="2"></td><td>전화</td><td colspan="3"></td></tr>
<tr><td>업태 및 종목</td><td colspan="2"></td><td>창업예정일</td><td colspan="3"></td></tr>
<tr><td rowspan="2">자금
조달계획(원)</td><td colspan="2">총 소요자금</td><td colspan="2">자기자금</td><td colspan="2">지원신청금액</td><td>기타</td></tr>
<tr><td colspan="2"></td><td colspan="2"></td><td colspan="2"></td><td></td></tr>
<tr><td rowspan="2">자금
소요계획(원)</td><td>보증금</td><td colspan="2">시설비</td><td>초도상품구입</td><td colspan="2">운전자금</td><td>기타</td></tr>
<tr><td></td><td colspan="2"></td><td></td><td colspan="2"></td><td></td></tr>
</table>

기타 사업계획

1. 구매, 판매계획, 예상수익(월) 등

2. 마케팅, 성공전략 등

※ 지면 부족시 별지 사용

04 사업자등록증

사업자가 사업을 개시하면 사업을 통하여 얻은 수입, 소득, 재산에 대하여 국가에서 세금을 부과하게 되는데 과세업무의 효율적인 운영에 협조하기 위하여 사업에 관한 일련의 사항을 세무관서에 등재하는 것을 의미하며, 사업을 개시한 날로부터 20일 안에 서류를 갖추어 사업장 소재지 관할 세무서 민원봉사실에 신청한다.

1 사업자등록증 발급(개인사업자 신청서류)

❶ 사업자등록증발급 신청서 1부

• 내용: 상호, 대표자 성명, 대표자 주민번호, 사업장 소재지, 전화번호, 업종, 업태 등

❷ 임대차계약서 사본(사업장을 임차한 경우)

경우에 따라 자택을 사업장으로 할 수 있다.

• 제조업: 공장 등의 임대차계약서가 필요. 대부분 서류로 등록 가능하지만, 공장 등의 실사를 진행하는 경우도 있다.

❸ 허가(등록, 신고)증 사본(해당 사업자)

• 허가(등록, 신고) 전에 등록하는 경우 허가(등록) 신청서 등·사본 또는 사업계획서

❹ 동업계약서(공동사업자인 경우)

ⓔ **재외국민·외국인 입증서류**

- 여권 사본 또는 외국인등록증 사본
- 국내에 통상적으로 주재하지 않는 경우: 납세관리인 설정 신고서

2 법인 사업자의 사업자등록 신청

법인의 사업자등록은 법인이라는 독립된 인격체를 만드는 것에서부터 시작된다. 따라서 상법상에 정해진 절차에 따라 정관, 주주명부(이사 3인 이상, 감사 1인 이상), 주주인감증명서, 주민등록등본 및 기타 제반서류를 구비하여 본점 소재지 관할 법원에 회사설립 등기를 마쳐야 한다. 회사설립 등기가 완료되면 회사는 법인등기부등본과 기타 서류를 갖추어 관할 소재지 세무서에서 사업자등록을 하면 된다.

> **법인 사업자등록 신청서류**
>
> 1. 법인설립신고 및 사업자등록신청서 1부(소정양식)
> 2. 법인등기부등본 1부, 정관 1부, 개시대차대조표 1부
> 3. 사업허가증, 등록증, 신고필증 사본
> 4. 주주 또는 출자자명세서
> 5. 사업장 임대차계약서 사본 1부

Work Sheet

• 본인이 창업한다고 생각하고 사업자등록증을 작성하여 보자.

사 업 자 등 록 증
(개인사업자)

등록번호

① 상   호 :

② 성   명 :

③ 개업연월일 :   년   월   일

④ 주민등록번호 :

⑤ 사업장 소재지 :

⑥ 사업자의 주소 :

⑦ 사업의 종류 : | 업 태 | | 종 목 |

⑧ 교부사유 :

⑨ 공동사업자 :

⑩ 주류판매신고번호 :

년   월   일

(인)

Chapter 15

창업세계 이해

참고문헌

David G. Myers, 사회심리학, 한올, 2015

강재태, 배동훈, 진로지도 워크북, 2008

구자억 외, 인성과 리더십 4차산업혁명시대 스워라밸, 양서원, 2019

구자억 외, 5차 산업혁명시대 리더가 되라! 동문사, 2021

금진호 외, 4차 산업혁명과 창의적 사고, 양성원, 2020

김대극 외, 자기설계 로드맵, 내하출판사, 2013

김모곤 외, 대학생활 설계, 공동체, 2013

김미경, 아트스피치, 21세기북스, 2010

김보경 외, 성공적인 취업과 자기역량 강화, 한올, 2014

김봉환, 학교 진로상담, 학지사, 2000

김상철, 글로벌 교양과 리더십, 한국외국어대학교출판부, 2008

김선진, 셀프리더십이 조직시민행동에 미치는 영향 연구, 조선대학교 석사학위논
문, 2003

김성수, 21세기 글로벌리더십 개발, 탑북스, 2010

김순향, 글로벌 리더를 위한 명품리더십, 21세기사, 2013

김순향, 선비정신에 나타난 리더십연구, 성균관대학교 석사학위 논문, 2008

김연희 외, 명품학습전략, 공동체, 2013

김영란 외, 프로페셔널 이미지 메이킹, 경춘사, 2012

김영진 외, 자아실현을 위한 대학생활 설계I, 한올, 2010

김원배, 기업근로자의 셀프리더십과 직무만족에 관한 연구, 연세대학교 석사학위
논문, 2004

김은석 외, 자기계발로드맵, 공동체, 2011

김은주, 이미지 마케팅으로 성공을 부른다, 한비미디어, 2002

김진규 외, 인공지능시대의 인재혁명, 교육과학사, 2021

김호연, 한국적 리더십모형에 관한 탐색적 연구, 서강대학교 박사학위논문, 2005

김호정, 리더십과 전통적 리더십과의 관계 및 바람직한 리더십 모형, 한국정책화
　　　　보, 제10권, 제3호, 2001

남재혁, 감성지능과 리더십 스타일의 관계에 관한 연구, 2003

대전과학기술대학교, 취업가이드 BOOK, 2015

대전과학기술대학교, 자기주도형 인성과 경력개발, 2014

도윤경 외, 혜천품성, 대전과학기술대학교 교수학습지원센터, 2014

박건실, 경영의 이해와 창업, 한올, 2007

박경종 외, 4차 산업 혁명시대 핵심역량, 2021

박광옥, 매너 있는 교양인을 위한 예절과 문화, 2010

박종진 외, 49가지 품성에 기초한 성품 리더십 계발, 동문사, 2021

박윤희, 진로탐색 및 직업선택, 시그마프레스, 2013

백기복, 리더십 리뷰, 창민사, 2008

변상우, 글로벌 리더를 위한 리더십 개발과 훈련, 청람, 2012

성균예절차문화연구소, 가정에서 비즈니스 현장까지 공감 생활예절, 시간여행,
　　　　2015

손일락 외, 성공적인 면접과 취업의 길라잡이 비즈니스매너의 이해, 한올, 2009

송원영 외, 대학생의 진로설계, 학지사, 2009

스티븐 코비, 김경섭 역, 성공하는 사람들의 7가지 습관, 김영사, 2006

신화식 외, 대학생과 리더십, 교문사, 2013

심윤정 외, 고객서비스 실무, 한올, 2013

오정주·권인아, 비즈니스 매너와 글로벌 에티켓, 한올, 2013

워크넷(www.work.go.kr), 성인용 직업적성검사 결과표

워크넷(www.work.go.kr), 직업가치관 검사결과표

유영대, 성공과 행복을 위한 善순환리더십, 전영사, 2004

이경미, 글로벌비즈니스 매너, 한올, 2014

이상복, 행복을 부르는 긍정심리학, 공동체, 2012

이성호, 패턴스피치, 수스피치 리더십센터, 2011

이은철, 튀는 인재의 이력서와 자기소개서, 새로운 사람들, 2006

이정완, 소호, 창업과 경영 이렇게 하라. 새로운 제안, 2000

이주희 외, 인성함양, 공동체, 2011

이지성, 꿈꾸는 다락방, 국일 미디어, 2007

이형국 외, 경력개발과 취업전략, 한올, 2013

이형국 외, 진로탐색과 미래설계, 한올, 2013

이혜숙 외, 진로개발로드맵, 내하출판사, 2013

임창희 외, 비즈니스 커뮤니케이션, 청람, 2010

전종희 외, 인간관계 중심의 인성교육, 어가, 2017

정선영, 진로탐색과 경력개발, 공동체, 2013

정석용 외, 자기계발과 직업, 동문사, 2014

정영숙, 성공과 행복을 가져다주는 공감 커뮤니케이션, 높은 오름, 2006

정하선 외, 성공적인 취업과 진로지도, 공동체, 2014

조의제, 셀프리더십과 커뮤니케이션이 직무만족에 미치는 영향, 경남대학교 석사
        학위 논문, 2002

지희진, 지교수의 행동하는 매너, 메이킹하는 이미지, 한올, 2014

최애경, 성공적인 커리어를 위한 인간관계의 이해와 실천, 청람, 2006

커리어넷(www.career.net), 미래의 직업세계, 2009

한국산업인력공단, 자기개발능력, 2014

한국인재개발센터(http://www.bestpdc.com)

한림성심대학교 교수학습지원센터, 진로설계 I, 2012

황매향 외, 진로탐색과 생애설계, 학지사, 2010

저자 소개

김 순 향 —————————————————————————————

- 성균관대학교 생활과학대학원 예다학 석사
- 성균관대학교 사회과학대학원 소비자 가족학 박사과정
- 現) 오산대학교 뷰티코스메틱계열 겸임교수
    서일대학교, 장안대학교 출강
    청소년 리더십 인성교육 연구소 소장
- 前) 대전과학기술대학교 간호학과 겸임교수
    배화여자대학교, 우송대학교, 경인여자대학교, 한림성심대학교, 경기과학기술대학교, 정화예술대학교 출강

[저서 및 논문]

- 청학품성. 공저, 3판(2020)
- 인성과 진로 및 취업 설계, 2판(2019)
- 인성으로 디자인하는 스마트한 진로 및 취업설계(2015)
- 공감 생활예절, 가정에서 비즈니스 현장까지, 공저(2015)
- 꿈을 찾는 로드맵 취업과 진로설계(2014)
- 글로벌 리더를 위한 명품 리더십(2013)
- 선비정신에 나타난 리더십 연구, 석사 학위 논문 (2008)
- 전통예절(2006)
- 다례(2005)

4차 산업시대의
인성과 진로 및 취업

초판 1쇄 인쇄 2015년 8월 20일
2판 1쇄 발행 2017년 2월 25일
3판 1쇄 발행 2022년 6월 20일

저   자 김 순 향

펴 낸 이 임 순 재

펴 낸 곳 (주)한올출판사

등   록 제11-403호

주   소 서울시 마포구 모래내로 83(성산동, 한올빌딩 3층)

전   화 (02)376-4298(대표)

팩   스 (02)302-8073

홈페이지 www.hanol.co.kr

e - 메 일 hanol@hanol.co.kr

I S B N 979-11-6647-236-7

- 이 책의 내용은 저작권법의 보호를 받고 있습니다.
- 잘못 만들어진 책은 본사나 구입하신 서점에서 바꾸어 드립니다.
- 저자와의 협의하에 인지가 생략되었습니다.
- 책값은 뒤표지에 있습니다.